I0567623

BESTACTIVITYBOOKS.COM

Copyright © 2022 LINGUAS CLASSICS

Tutti i diritti riservati. Nessuna parte di questo libro può essere riprodotta o usata in alcun modo senza il permesso scritto del detentore del copyright, eccetto per l'uso di citazioni in una recensione del libro.

PRIMA EDIZIONE 2022

Illustrazione Grafica Extra: www.freepik.com
Grazie a Alekksall, Starline, Pch.vector, Rawpixel.com, Vectorpocket, Dgim-studio, Upklyak, Macrovector, Stockgiu, Pikisuperstar & Freepik.com Designers

Scoprire i Giochi Gratuiti Online

Disponibile Qui:

BestActivityBooks.com/FREEGAMES

5 CONSIGLI PER INIZIARE

1) COME RISOLVERE LE PAROLE INTRECCIATTE

I puzzle hanno un formato classico:

- Le parole sono nascoste senza spazi o trattini,...
- Orientamento: Le parole possono essere scritte in avanti, indietro, verso l'alto, verso il basso o in diagonale (possono essere invertite).
- Le parole possono sovrapporsi o intersecarsi.

2) APPRENDIMENTO ATTIVO

Accanto ad ogni parola c'è uno spazio per scrivere la traduzione. Per incoraggiare l'apprendimento attivo, un **DIZIONARIO** alla fine di questa edizione vi permetterà di controllare e ampliare le vostre conoscenze. Cerca e scrivi le traduzioni, trovale nel puzzle e aggiungile al tuo vocabolario!

3) SEGNARE LE PAROLE

Puoi inventare il tuo sistema di segni. Forse ne usi già uno? Per esempio, puoi segnare le parole difficili da trovare con una croce, le parole preferite con una stella, le parole nuove con un triangolo, le parole rare con un diamante, e così via.

4) STRUTTURARE L'APPRENDIMENTO

Questa edizione offre un **TACCUINO** alla fine del libro. In vacanza, in viaggio o a casa, puoi organizzare facilmente le tue nuove conoscenze senza bisogno di un secondo quaderno!

5) AVETE FINITO TUTTE LE GRIGLIE?

Nelle ultime pagine di questo libro, nella sezione della **SFIDA FINALE**, troverete un gioco gratuito!

Facile e veloce! Dai un'occhiata alla nostra collezione di libri di attività per il tuo prossimo momento di divertimento e **apprendimento,** a portata di clic!

Trova la tua prossima sfida su:

BestActivityBooks.com/MioProssimoLibro

Ai vostri posti, pronti...Via!

Sapevi che ci sono circa 7.000 lingue diverse nel mondo? Le parole sono preziose.

Amiamo le lingue e abbiamo lavorato duramente per creare libri di altissima qualità. I nostri ingredienti?

Una selezione di argomenti adatti all'apprendimento, tre buone porzioni di intrattenimento, una cucchiaiata di parole difficili e una spolverata di parole rare. Li serviamo con amore e entusiasmo in modo che tu possa risolvere i migliori giochi di parole e divertirti imparando!

La vostra opinione è essenziale. Puoi partecipare attivamente al successo di questo libro lasciandoci un commento. Ci piacerebbe sapere cosa ti è piaciuto di più di questa edizione.

Ecco un link veloce alla pagina dell'ordine:

BestBooksActivity.com/Recensione50

Grazie per il vostro aiuto e buon divertimento!

Tutta la squadra

1 - Scacchi

```
I  K  V  T  C  Ắ  T  Y  U  Q  G  A  C  T  L
A  Y  Q  O  É  H  C  G  N  Ờ  Ư  Đ  C  H  R
U  N  V  G  L  A  I  Ơ  H  C  Ò  R  T  Ô  C
N  O  N  B  H  P  G  Ế  H  M  L  N  D  N  R
H  G  G  P  G  R  Ủ  K  N  E  Đ  I  R  G  T
N  G  Ư  Ờ  I  C  H  Ơ  I  L  T  G  K  M  H
A  N  C  T  C  V  T  G  S  R  Ư  P  B  I  Ụ
I  Ắ  O  U  Y  O  I  Q  Y  M  M  Ợ  Y  N  Đ
G  R  T  R  Ộ  V  Ố  Y  H  H  V  T  C  H  Ộ
I  T  V  C  T  C  Đ  Đ  C  C  M  A  N  M  N
Ờ  P  H  A  L  U  T  D  I  G  Q  Q  D  I  G
H  L  I  Y  G  P  U  H  M  Ể  C  O  P  I  T
T  N  Ữ  H  O  À  N  G  I  V  M  M  U  H  K
Y  O  U  P  Q  U  Á  N  Q  U  Â  N  Y  V  G
Y  U  V  U  A  G  I  Ả  I  Đ  Ấ  U  L  R  R
```

ĐỐI THỦ
TRẮNG
QUÁN QUÂN
CUỘC THI
ĐƯỜNG CHÉO
NGƯỜI CHƠI
TRÒ CHƠI
THÔNG MINH
ĐEN

THỤ ĐỘNG
ĐIỂM
VUA
NỮ HOÀNG
QUY TẮC
HY SINH
CHIẾN LƯỢC
THỜI GIAN
GIẢI ĐẤU

2 - Salute e Benessere #2

```
D  N  D  I  T  R  U  Y  Ề  N  H  G  L  U  Q
G  O  H  N  I  S  Ệ  V  M  Ấ  T  N  Ư  Ớ  C
K  G  T  I  A  C  L  K  H  U  Q  L  L  U  Y
C  N  H  C  Ễ  P  P  D  L  A  R  Y  Y  M  M
D  A  K  Q  T  M  D  I  N  H  D  Ư  Ỡ  N  G
Ị  B  L  R  I  B  T  N  D  G  C  O  U  Q  A
Ứ  Ễ  A  O  Ê  Ệ  X  R  G  N  Ê  I  K  N  Ă
N  N  M  Y  U  N  O  P  Ù  Ặ  D  R  H  I  I
G  H  B  U  H  H  A  N  Q  N  U  G  Ỏ  M  I
I  N  M  Y  Ó  V  B  P  N  N  G  Á  E  A  P
V  N  I  Q  A  I  Ó  T  U  Â  V  R  M  T  N
R  U  H  Y  N  Ệ  P  K  U  C  Q  Y  Ạ  I  Y
I  Q  N  R  N  R  C  U  Q  Q  R  N  V  R
G  I  Ả  I  P  H  Ẫ  U  H  Ọ  C  G  H  M  T
N  Ă  N  G  L  Ư  Ợ  N  G  C  Ơ  T  H  Ể  G
```

DỊ ỨNG
GIẢI PHẪU HỌC
NGON
CALO
CƠ THỂ
ĂN KIÊNG
TIÊU HÓA
MẤT NƯỚC
NĂNG LƯỢNG
DI TRUYỀN

VỆ SINH
NHIỄM TRÙNG
BỆNH
XOA BÓP
DINH DƯỠNG
BỆNH VIỆN
CÂN NẶNG
MÁU
KHỎE MẠNH
VITAMIN

3 - Aggettivi #2

```
M  H  D  S  T  H  A  N  H  L  Ị  C  H  C  N
À  K  K  Á  V  B  U  T  K  R  T  M  Ô  T  Ó
U  T  R  N  Ặ  M  N  Ổ  I  D  A  N  H  B  N
M  I  H  G  Y  Q  V  G  G  L  I  Ầ  K  Ì  G
Ỡ  R  N  T  Ọ  G  N  Q  A  U  A  U  K  N  C
M  L  Q  Ạ  T  H  Ú  V  Ị  H  O  H  H  H  T
Y  Ớ  M  O  T  Ự  N  H  I  Ê  N  T  Ỏ  T  K
K  L  I  Ó  Đ  K  T  H  Ậ  T  M  O  E  H  T
H  Ị  L  M  I  L  L  K  T  D  U  D  M  Ứ  K
V  H  C  O  R  B  B  V  B  T  I  M  Ạ  Ờ  O
H  M  C  H  U  B  R  M  O  Y  N  U  N  N  I
D  Ô  M  A  U  N  Y  C  T  Y  I  C  H  G  U
U  T  Y  Ạ  G  T  Y  A  D  M  H  U  M  C  R
M  Ả  O  A  N  B  I  K  P  M  O  U  M  U  N
U  L  R  O  À  H  Ự  T  Q  K  P  A  K  D  L
```

ĐÓI	MẠNH
KHÔ	THÚ VỊ
THẬT	TỰ NHIÊN
NÓNG	BÌNH THƯỜNG
SÁNG TẠO	MỚI
MÔ TẢ	TỰ HÀO
NGỌT	MÀU MỠ
KỊCH	THUẦN
THANH LỊCH	MẶN
NỔI DANH	KHỎE MẠNH

4 - Pesca

T	L	U	N	H	V	I	P	L	Q	N	Ấ	U	T	M
H	H	M	V	C	H	D	K	P	P	I	Y	M	V	I
U	I	Ồ	G	N	B	T	O	P	I	O	Y	Y	P	A
Y	Â	V	H	O	Y	U	O	R	K	D	B	R	P	L
Ề	K	V	K	A	C	H	C	Y	B	V	R	C	N	K
N	H	À	M	G	M	Ó	C	T	H	I	Ế	T	B	Ị
C	P	M	A	N	G	D	Â	Y	C	Y	C	L	K	P
Ớ	Á	R	N	Ô	Q	I	D	Y	Y	A	Q	O	I	H
Ư	B	I	B	S	Đ	Ạ	I	D	Ư	Ơ	N	G	Ê	Ó
N	A	M	R	B	Ã	I	B	I	Ể	N	H	N	N	N
M	L	I	R	Ổ	V	A	Y	L	Q	O	R	Ặ	N	G
B	Ù	L	M	U	M	Ồ	I	K	G	A	I	N	H	Đ
D	I	A	K	U	N	B	P	M	N	M	A	N	Ẫ	Ạ
H	Y	U	Q	T	P	I	Y	C	K	D	B	Â	N	I
N	P	H	O	C	V	C	I	P	P	G	O	C	P	U

NƯỚC
THIẾT BỊ
THUYỀN
MANG
CÁI RỔ
NẤU
PHÓNG ĐẠI
MỒI
DÂY
SÔNG

MÓC
HỒ
HÀM
ĐẠI DƯƠNG
KIÊN NHẪN
CÂN NẶNG
VÂY
BÃI BIỂN
MÙA

5 - Ingegneria

```
H  P  X  K  K  M  V  I  Ồ  G  A  A  C  P  V
T  L  P  O  Q  Á  D  M  Đ  A  N  C  U  N  U
Y  D  T  Đ  A  Y  Ẩ  Đ  Ơ  O  D  M  P  C  A
K  V  H  Y  B  Y  Đ  Ộ  S  Â  U  G  T  H  G
O  R  N  N  B  K  C  N  H  Q  K  Ó  Í  Ấ  C
P  Đ  Ộ  N  G  C  Ơ  T  T  T  V  C  N  T  Đ
S  H  G  I  B  Q  U  A  C  T  O  I  H  L  Ư
Ứ  R  Â  G  N  Ợ  Ư  L  G  N  Ă  N  T  Ỏ  Ờ
C  O  O  N  X  K  V  Y  C  U  Ổ  D  O  N  N
M  G  I  Ă  P  Â  H  O  P  L  N  I  Á  G  G
Ạ  C  Ự  R  T  H  Y  C  B  D  Đ  E  N  N  K
N  V  I  H  G  D  Ố  D  L  P  Ị  S  M  V  Í
H  G  D  N  L  G  O  I  Ự  H  N  E  T  G  N
O  N  O  Á  K  R  U  Q  V  N  H  L  P  L  H
V  N  U  B  K  Ế  T  C  Ấ  U  G  H  L  P  O
```

GÓC	BÁNH RĂNG
TRỤC	CHẤT LỎNG
TÍNH TOÁN	MÁY
XÂY DỰNG	ĐO
SƠ ĐỒ	ĐỘNG CƠ
ĐƯỜNG KÍNH	ĐỘ SÂU
DIESEL	ĐẨY
PHÂN PHỐI	XOAY
NĂNG LƯỢNG	ỔN ĐỊNH
SỨC MẠNH	KẾT CẤU

6 - Archeologia

```
H  C  Ạ  H  T  A  Ó  H  V  K  K  M  Q  D  R
P  H  Â  N  T  Í  C  H  D  H  Y  I  P  V  C
C  N  Đ  I  Ề  M  H  A  T  Ô  G  N  T  T  Ổ
H  Ả  Á  M  K  Đ  Q  T  Y  N  T  B  Q  G  N
U  M  N  N  D  Ỷ  I  D  B  G  N  Ơ  Ư  X  B
Y  Ố  H  Ă  I  I  N  Ô  L  R  K  O  P  G  Í
Ê  G  G  V  T  T  Q  G  G  Õ  Q  U  Ê  N  Ẩ
N  Ồ  I  N  Í  O  B  V  U  N  D  Đ  M  Ợ  N
G  Đ  Á  Ề  C  G  N  Ă  M  Y  Q  Ộ  M  Ư  U
I  D  D  N  H  K  I  V  V  C  Ê  I  K  T  M
A  C  M  O  Q  B  M  Á  V  H  K  N  G  I  Q
N  Q  G  T  G  N  L  N  O  T  K  U  R  Ố  V
N  M  R  Y  K  L  U  K  G  S  O  M  T  Đ  H
Y  I  V  I  B  O  K  M  D  U  Ư  K  L  G  I
Q  T  M  P  D  Q  I  A  M  Y  L  K  P  B  K
```

PHÂN TÍCH
NĂM
CỔ
ĐỒ GỐM
NỀN VĂN MINH
QUÊN
KỶ NGUYÊN
CHUYÊN GIA
HÓA THẠCH
MẢNH

BÍ ẨN
ĐỐI TƯỢNG
XƯƠNG
GIÁO SƯ
DI TÍCH
KHÔNG RÕ
ĐỘI
NGÔI ĐỀN
MỘ
ĐÁNH GIÁ

7 - Salute e Benessere #1

```
K V O H T X G U C P Y O U G Q
U Í H U T Ư U A H T H U Ố C P
Ĩ S C Á B Ơ K U O Ú Q A G H T
T U Ố H R N V L A R P U Ã O H
Ư C U Y T G V C C I U L Y L Ó
T B H V Y H Y B U V A A X T I
H K T L P Y Í V Ề O K H Ư H Q
Ế P M P Ắ B Ơ C I Ó Đ Ị Ơ Ư U
O U Ễ H M N Q P H K G R N G E
C G I Q T L V I C T H T G I N
G V T P H Ả N X Ạ P Ố U N Ã C
H O Ạ T Đ Ộ N G G U V Ề Ẩ N G
T R Ị L I Ễ U H N H D I D N D
D D O H I A H G G K L Đ A R L
B D A D Â Y T H Ầ N K I N H L
```

THÓI QUEN
CHIỀU CAO
HOẠT ĐỘNG
VI KHUẨN
ĐÓI
TIỆM THUỐC
GẪY XƯƠNG
THUỐC
BÁC SĨ
CƠ BẮP

DÂY THẦN KINH
KÍCH THÍCH TỐ
XƯƠNG
DA
TƯ THẾ
PHẢN XẠ
THƯ GIÃN
TRỊ LIỆU
ĐIỀU TRỊ
VI RÚT

8 - Aggettivi #1

```
Q  T  R  O  C  N  Ặ  N  G  R  K  H  T  G  M
Đ  U  C  Ự  H  T  G  N  U  R  T  O  U  Q  G
Y  Ầ  A  Y  Ậ  T  H  Ơ  M  U  V  À  Y  L  B
D  V  Y  N  M  B  I  H  B  H  H  N  Ễ  O  P
H  Ể  R  T  T  O  P  A  R  G  H  T  G  Y
N  O  I  C  H  R  P  V  N  G  C  Ả  Đ  V  A
L  N  Ạ  Q  C  A  Ọ  V  I  L  O  O  Ố  R  I
U  U  Đ  T  T  R  M  N  O  Ớ  R  H  I  K  R
N  Q  N  I  Đ  N  P  V  G  N  S  Â  U  L  B
V  U  Ễ  R  R  Ộ  P  N  Ọ  R  K  T  R  P  M
A  Ý  I  O  U  U  N  V  A  N  R  Y  B  L  A
D  N  H  K  V  B  A  G  T  T  G  N  Ỏ  M  D
V  D  U  C  Ạ  L  Ỳ  K  H  Ổ  N  G  L  Ồ  À
B  N  H  G  R  Ộ  N  G  L  Ư  Ợ  N  G  G  I
N  G  H  Ệ  T  H  U  Ậ  T  H  O  R  B  K  D
```

ĐẦY THAM VỌNG	QUAN TRỌNG
THƠM	CHẬM
NGHỆ THUẬT	DÀI
TUYỆT ĐỐI	HIỆN ĐẠI
HOẠT ĐỘNG	TRUNG THỰC
KHỔNG LỒ	HOÀN HẢO
KỲ LẠ	NẶNG
RỘNG LƯỢNG	QUÝ
TRẺ	SÂU
LỚN	MỎNG

9 - Geologia

```
C D B T I X A R L G A H L U K
A N Q I V L N R D Á Ị A Q R H
L Y P N G Ù L C Á Đ Đ N T R C
C V Q H T U N A Q Ũ C G K D Q
I O K T Q N V G I H Ụ Đ N M V
U G P H U N H M R N L Ộ Ê Ă N
M Q A Ể R H I G K S U N Y K M
X Ó I M Ò N L Ớ P A Q G U H D
N M L B I A Y M H N T I G O U
Ú R L I R H A M R H Y H N Á N
I H G A O C V V B Ô M A O N G
L T T M C Ạ D U Y H A Y A G N
Ử D Y U L H P P I D V B C S H
A Y A Ố N T Ấ Đ G N Ộ Đ I Ả A
H U G I H Ó A T H Ạ C H K N M
```

AXIT

CAO NGUYÊN

CALCIUM

HANG ĐỘNG

LỤC ĐỊA

SAN HÔ

TINH THỂ

XÓI MÒN

HÓA THẠCH

DUNG NHAM

KHOÁNG SẢN

ĐÁ

THẠCH ANH

MUỐI

MĂNG ĐÁ

NHŨ ĐÁ

LỚP

ĐỘNG ĐẤT

NÚI LỬA

VÙNG

10 - Campeggio

```
G N O Q R A P R R R D N A U T
L Ử A G A Đ A H Ừ K P I O H H
B Ả N Đ Ồ C Ộ B N À B A L T I
L S V I M Â H N G N Ồ U X C Ê
I Ă B U N Y N B G Y P L L A N
I N L H I G V D I V B Ề U B N
G B T H D V Q Â M Ũ Ậ U B I H
A Ắ Q A P O Ẻ Y G K Y T C N I
T N Q K P Q B T V Q T V M T Ê
M H M H Ồ K V H A L C N Y U N
R V I H B Y G Ừ M P A L N U R
H D Ú Ế D I G N Ù R T N Ô C H
Q G N H T R R G N Õ V P M I I
G O I Y M B M Ặ T T R Ă N G Q
D U P P C D Ị M V C A B Q A Q
```

CÂY	VUI VẺ
VÕNG	RỪNG
ĐỘNG VẬT	LỬA
THIẾT BỊ	CÔN TRÙNG
LA BÀN	HỒ
CABIN	MẶT TRĂNG
SĂN BẮN	BẢN ĐỒ
XUỒNG	NÚI
MŨ	THIÊN NHIÊN
DÂY THỪNG	LỀU

11 - Arti Visive

```
Q K T H G Y L H P C N T C Đ Q
U Y T K U P Ụ H C H N Ả K Ồ U
A C Ắ H K U Ê I Đ Á I Y H G Y
N Y Y K À P P N T U I M M Ố D
Đ C I S H N A R T C Ứ B Ả M H
I V D Á M Ấ H R O R T V Ú N R
Ể V Ẽ P M H P P D C M M D T H
M A I U V P B L H U V C T R K
S Á N G T Ạ O D B Ầ U Ú K Y I
N G H Ệ S Ĩ R A Ú A N R Q C Ẽ
C H Â N D U N G T É S T Ấ Đ T
G I Ấ Y N Ế N D C G T N I K T
Y C K U V T U A H D A Ế U M Á
B P M Y G B G B Ì L U I T K C
Q H Y M H V K L Q O B K R N Q
```

KIẾN TRÚC	ẢNH CHỤP
ĐẤT SÉT	PHẤN
NGHỆ SĨ	BÚT CHÌ
KIỆT TÁC	CÁI BÚT
VẼ	BỨC TRANH
SÁP	QUAN ĐIỂM
ĐỒ GỐM	CHÂN DUNG
THÀNH PHẦN	ĐIÊU KHẮC
SÁNG TẠO	GIẤY NẾN
PHIM ẢNH	

12 - Tempo

```
B  D  L  V  Q  Ỷ  U  Y  T  L  Q  O  O  I  T
K  U  H  Ị  Y  K  U  V  G  Y  Đ  D  O  T  R
I  G  Ổ  Ờ  C  Ế  K  N  N  M  Ê  A  T  U  U
D  N  K  I  R  H  M  S  A  U  M  Ớ  S  Ầ  L
I  A  D  G  T  T  H  Ô  M  N  A  Y  H  N  P
C  T  M  N  Ú  R  B  N  M  Đ  Y  Q  Q  C  M
Ớ  Ư  M  Á  H  R  Ự  C  N  M  Ồ  T  Y  B  H
Ư  Ơ  D  S  P  Y  M  A  T  Q  N  N  À  U  B
R  N  Y  I  Q  V  U  P  N  Ă  R  G  N  B
T  G  G  Ổ  O  D  O  Q  N  C  M  G  N  H  M
H  L  K  U  D  N  R  M  Ă  N  G  N  À  H  Ồ
Á  A  Y  B  C  H  N  Ô  T  H  Ậ  P  K  Ỷ  Y
N  I  R  O  A  B  D  H  M  N  I  I  Y  M  R
G  R  N  Y  G  U  Q  C  M  L  P  K  B  Q  V
G  M  M  H  L  V  M  Q  D  M  M  H  K  D  V
```

NĂM   BUỔI TRƯA
HÀNG NĂM   PHÚT
LỊCH   ĐÊM
THẬP KỶ   HÔM NAY
SAU   GIỜ
TƯƠNG LAI   ĐỒNG HỒ
NGÀY   SỚM
HÔM QUA   TRƯỚC
BUỔI SÁNG   THẾ KỶ
THÁNG   TUẦN

13 - Astronomia

```
O  O  A  A  K  V  Y  T  N  O  D  V  P  D  Y
R  I  O  O  Q  Õ  D  K  V  C  G  Y  H  V  G
Đ  H  H  N  I  T  Ễ  V  L  P  N  P  I  H  M
T  À  O  Y  Q  R  L  L  Y  Q  Ă  Y  H  À  U
N  Ê  I  H  T  Ự  R  V  T  K  B  P  À  N  S
Â  M  N  Q  C  H  Ò  M  S  A  O  M  N  H  I
H  Ặ  C  L  U  P  À  T  T  C  A  T  H  T  Ê
P  T  Ự  Z  Ử  A  H  O  B  H  S  R  G  I  U
T  T  L  O  Y  A  N  T  D  T  N  Á  I  N  T
U  R  G  D  K  G  Ê  S  G  M  D  I  A  H  Â
B  Ă  N  I  L  D  I  G  Á  D  U  Đ  O  T  N
R  N  Ọ  A  M  P  H  K  A  T  H  Ấ  C  M  T
P  G  R  C  U  V  T  D  V  H  A  T  O  K  I
P  D  T  I  N  H  V  Â  N  B  Ứ  C  X  Ạ  N
S  A  O  C  H  Ổ  I  B  Ầ  U  T  R  Ờ  I  H
```

PHI HÀNH GIA
THIÊN
BẦU TRỜI
SAO CHỔI
VŨ TRỤ
CHÒM SAO
PHÂN
THIÊN HÀ
TRỌNG LỰC
MẶT TRĂNG

SAO BĂNG
TINH VÂN
ĐÀI QUAN SÁT
HÀNH TINH
BỨC XẠ
TÊN LỬA
VỆ TINH
SIÊU TÂN TINH
TRÁI ĐẤT
ZODIAC

14 - Algebra

```
P  P  T  Ề  Đ  N  Ấ  V  P  H  É  P  T  R  Ừ
H  Á  H  U  T  Ơ  D  T  U  Q  U  M  M  Ũ  G
Â  H  S  Ự  P  Ổ  N  Ạ  H  Ô  V  S  A  I  T
N  P  Ố  K  Ơ  G  N  G  Q  Y  D  R  U  H  M
S  I  K  K  V  N  U  G  I  T  V  C  T  C  Q
Ố  Ả  H  U  I  Ế  G  C  Y  Ả  V  I  L  L  U
V  I  Ô  A  A  I  H  T  K  B  N  T  Ố  K  S
C  G  N  D  U  B  U  O  R  B  V  H  I  A  Ơ
B  K  G  H  L  U  G  P  C  Ì  R  L  Ó  I  Đ
P  V  V  K  G  C  Ứ  H  T  G  N  Ô  C  A  Ồ
O  A  Y  N  U  I  T  A  V  M  Ậ  H  Ặ  K  U
B  Y  A  P  P  O  P  Y  V  Q  R  H  O  R  Q
U  L  S  Ố  L  Ư  Ợ  N  G  A  T  C  G  L  L
T  H  C  S  Q  Y  L  G  C  G  A  R  N  G  O
T  U  Y  Ế  N  T  Í  N  H  G  M  B  C  U  I
```

SƠ ĐỒ
PHƯƠNG TRÌNH
MŨ
SAI
TỐ
CÔNG THỨC
PHÂN SỐ
VÔ HẠN
TUYẾN TÍNH
MA TRẬN

SỐ
NGOẶC
VẤN ĐỀ
SỐ LƯỢNG
ĐƠN GIẢN HÓA
GIẢI PHÁP
TỔNG
PHÉP TRỪ
BIẾN
SỐ KHÔNG

15 - Mitologia

```
N P I V H N À H C U K H C V C
R O I Y U V G V Y D R I A V L
T H Ả M H Ọ A U U B D R M M P
L U U Ệ I D N Ề Y U H I M Q S
C Á C V Ị T H Ầ N Ê M T Y U I
C Ó C H Ế T H V S K N E H G N
S Ứ C M Ạ N H M Ă Ự P M Ấ S H
S Á N G T Ạ O Ê A N B V Ễ D V
T R Ả T H Ù K C N B H Ấ U U Ậ
R U U A L H H U H K V O T N T
Q U Á I V Ậ T N H B A D Á T L
Q C R B K H V G Ù V S É T C Ử
K H N M H N I B N Ế I H C Y Y
Q P H H N Q D D G O H U R A R
T R U Y Ề N T H U Y Ế T T R O
```

NGUYÊN MẪU
HÀNH VI
SINH VẬT
SÁNG TẠO
VĂN HOÁ
THẢM HỌA
CÁC VỊ THẦN
ANH HÙNG
SỨC MẠNH
SÉT

GHEN
CHIẾN BINH
SỰ BẤT TỬ
MÊ CUNG
TRUYỀN THUYẾT
HUYỀN DIỆU
CÓ CHẾT
QUÁI VẬT
SẤM
TRẢ THÙ

16 - Piante

```
O P T M Q K I N R V Y I N R X
M D O K Y B T Y D K N Q G I Ư
D Q C V Ư Ờ N O D C T C U N Ơ
H T T A H M M E V H O R Ồ U N
G T Q M L P A R O L F I N L G
Q I M R Y R O T K B K V G Ớ R
P U Ậ Đ T Ạ H C P V C Y Ố N Ồ
L O B T Ậ G H B Y R O B C L N
D Á Ụ V V N N Ó B N Â H P Ê G
T I I T C Ừ Á Ọ U Y R U A N C
D O C I Ự R C T M P Ê A L G B
M M Â P H I Â C N Ả U I O I O
I H Y Q T V Y N G C U P N Y D
T H Ự C V Ậ T H Ọ C C Ỏ Q A V N
L V U D T T G C O L H O A L D
```

CÂY	PHÂN BÓN
QUẢ MỌNG	HOA
TRE	FLORA
THỰC VẬT HỌC	LÁ
XƯƠNG RỒNG	RỪNG
BỤI CÂY	VƯỜN
LỚN LÊN	RÊU
IVY	CÁNH HOA
CỎ	NGUỒN GỐC
HẠT ĐẬU	THỰC VẬT

17 - Spezie

```
I  T  C  H  K  C  T  M  N  V  H  V  N  D  U
L  L  Â  O  À  D  U  O  T  Ỏ  I  A  A  Q  R
O  N  Y  Ả  I  N  L  V  Y  R  V  N  I  Y  M
C  L  T  H  Ồ  Ẽ  H  G  N  G  Y  I  Y  K  T
T  Q  H  T  H  Ì  L  À  D  Q  Ế  P  C  G  N
T  D  Ì  M  Y  B  O  G  R  A  U  P  À  Ừ  D
Y  I  L  A  Â  A  Y  A  N  G  Q  Ê  R  N  I
Â  Y  À  C  C  M  D  Ự  B  D  B  R  I  G  L
T  H  Ả  O  Q  U  Ả  C  P  O  C  A  Ố  T  B
Ẽ  D  C  R  Y  A  N  T  R  N  H  U  U  U  A
H  G  M  N  G  Ọ  T  Ớ  N  V  H  M  M  V  P
G  P  M  B  L  N  H  G  D  G  O  Ù  G  N  K
N  G  L  R  M  L  Ắ  U  I  A  V  I  L  K  H
N  Y  O  O  I  K  T  Đ  L  O  H  G  Y  H  O
N  H  Ụ  C  Đ  Ậ  U  K  H  Ấ  U  G  T  N  V
```

TỎI	NGỌT
ĐẮNG	THÌ LÀ
CÂY HỒI	CAM THẢO
QUẾ	NHỤC ĐẬU KHẤU
THẢO QUẢ	ỚT CỰA GÀ
HÀNH	TIÊU
RAU MÙI	MUỐI
CÂY THÌ LÀ	VANI
NGHỆ	NGHỆ TÂY
CÀ RI	GỪNG

18 - Numeri

```
Y  V  K  A  N  Â  H  P  P  Ậ  H  T  R  G  O
M  B  U  U  Ă  Q  N  Y  G  I  A  Y  T  P  D
V  Ư  H  Á  M  T  C  A  H  L  I  C  H  Í  N
Y  O  Ờ  S  Q  Á  D  H  B  H  Ơ  N  P  M  I
B  A  Y  I  P  M  G  I  Ố  P  Ư  Y  T  N  T
K  N  D  Ờ  L  S  L  G  N  M  M  D  B  K  R
R  T  H  Ư  T  Ă  Á  V  A  Ư  I  M  Ờ  I
M  P  C  M  C  M  M  U  B  Ờ  A  M  M  K  S
Á  Ư  A  M  V  D  U  H  Y  I  H  Ư  Ư  I  Ố
T  Y  Ờ  L  Y  T  L  K  I  B  N  Ờ  Ờ  I  K
I  B  Q  I  M  K  D  K  G  A  I  I  I  D  H
Ờ  G  Y  Ả  B  I  Ờ  Ư  M  R  U  H  C  U  Ô
Ư  B  Ả  Y  L  Ố  A  I  L  B  P  A  H  N  N
M  P  B  B  A  O  N  I  B  G  P  I  Í  K  G
T  R  B  P  U  M  R  Q  H  P  M  M  N  D  A
```

NĂM	MƯỜI BỐN
THẬP PHÂN	BỐN
MƯỜI CHÍN	MƯỜI LĂM
MƯỜI BẢY	MƯỜI SÁU
MƯỜI TÁM	SÁU
MƯỜI	BẢY
MƯỜI HAI	BA
HAI	MƯỜI BA
CHÍN	HAI MƯỜI
TÁM	SỐ KHÔNG

19 - Cioccolato

```
A  U  N  A  G  N  B  D  G  U  C  P  Y  L  A
U  U  D  N  Ầ  H  P  H  N  À  H  T  V  Ị  N
K  Y  C  L  P  H  U  K  Ờ  N  Ấ  Ọ  M  C  T
C  I  T  A  B  M  H  H  Ư  B  T  G  P  Ô  I
O  L  T  V  C  C  L  A  Đ  Ộ  L  N  C  N  O
P  Y  N  T  C  A  D  C  Y  T  Ư  D  R  G  X
Q  L  D  M  O  C  O  K  M  P  Ợ  U  A  T  I
Y  Ê  U  T  H  Í  C  H  Ẹ  H  N  H  T  H  D
I  K  P  H  U  Y  I  T  N  O  G  N  H  Ứ  A
G  C  A  V  N  V  M  H  H  U  T  N  Ơ  C  N
Q  Q  H  G  N  Ộ  H  P  U  Ậ  Đ  M  M  T  T
D  V  A  G  I  T  H  G  A  K  L  Ắ  G  C  N
R  K  V  K  Ỳ  L  Ạ  N  B  P  N  N  N  I  Q
C  D  Ừ  A  A  H  L  P  C  A  L  O  H  G  K
I  C  A  R  A  M  E  L  U  Y  A  C  V  Y  D
```

ĐẮNG
ANTIOXIDANT
ĐẬU PHỘNG
THƠM
CACAO
CALO
KẸO
CARAMEL
NGON
NGỌT

KỲ LẠ
VỊ
THÀNH PHẦN
DỪA
BỘT
YÊU THÍCH
CHẤT LƯỢNG
CÔNG THỨC
ĐƯỜNG

20 - Guida

```
X  K  O  M  Ể  I  H  Y  U  G  N  D  A  G  P
E  H  H  O  D  Ơ  Y  C  A  A  Q  D  G  V  H
B  Í  G  O  X  H  K  U  C  R  K  Y  I  H  A
U  T  M  I  Y  E  O  D  M  A  I  P  M  M  N
Ý  I  T  U  Ấ  X  M  Ầ  H  G  N  Ờ  Ư  Đ  H
T  R  Y  B  H  Y  T  Á  S  H  N  Ẩ  C  B  T
Đ  Ộ  N  G  C  Ơ  P  H  Y  O  À  N  V  H  Ố
T  A  I  N  Ạ  N  Y  H  O  M  O  R  Ậ  H  C
K  V  R  I  P  A  O  Ộ  É  L  T  I  N  C  Đ
Q  M  R  K  I  I  V  B  C  P  N  O  C  O  Ộ
B  U  P  C  A  P  R  I  Ẩ  P  A  O  H  R  A
B  M  C  Y  G  Q  Y  Đ  U  N  C  I  U  B  I
Đ  Ư  Ờ  N  G  R  H  R  V  V  Đ  B  Y  U  C
G  I  A  O  T  H  Ô  N  G  A  C  Ồ  Ể  M  M
Y  D  T  N  H  I  Ê  N  L  I  Ệ  U  N  V  H
```

XE HƠI	ĐỘNG CƠ
XE BUÝT	ĐI BỘ
NHIÊN LIỆU	NGUY HIỂM
PHANH	CẢNH SÁT
GA-RA	AN TOÀN
KHÍ	ĐƯỜNG
TAI NẠN	GIAO THÔNG
GIẤY PHÉP	VẬN CHUYỂN
BẢN ĐỒ	ĐƯỜNG HẦM
XE MÁY	TỐC ĐỘ

21 - I Media

```
Q Q N I R P B T D A P U L O Q
L A R Q I Y C R I U U Q I A U
S Ự T H Ậ T Ô D U B C Y Ê H Ả
Đ P Ễ I H G N G N Ô C U N K N
U Ị L I Ạ M G N Ơ Ư H T L I G
T Y A K U L C Ý K I Ế N Ạ N C
V R N P H R Ộ Đ I Á H T C H Á
C P Ự N H T N R À N N K V P O
Á H B C M Ư G Q Đ M Ả H G H Q
N I R R T Ễ Ơ M Ạ N G G B Í L
H Ê V M Q U A N P D C H R Á D
Â N C A M T Y A G D M H M R O
N B U V G Í Y Ế G I Á O D Ụ C
H Ả Q Q B R K C N B K O M H Q
A N H Ố S T Ậ U H T Ỹ K V M R
```

THÁI ĐỘ	CÁ NHÂN
THƯƠNG MẠI	CÔNG NGHIỆP
LIÊN LẠC	TRÍ TUỆ
KỸ THUẬT SỐ	ĐỊA PHƯƠNG
PHIÊN BẢN	TRỰC TUYẾN
GIÁO DỤC	Ý KIẾN
SỰ THẬT	QUẢNG CÁO
KINH PHÍ	CÔNG CỘNG
ẢNH	ĐÀI
BÁO	MẠNG

22 - Forza e Gravità

```
H  T  Q  Q  N  P  P  H  Ổ  N  H  B  K  L  H
O  R  U  A  B  U  P  Q  H  H  R  O  H  H  K
R  U  Ỹ  M  T  Í  N  H  C  H  Ấ  T  O  À  Q
R  N  Đ  Y  Ở  T  P  Q  G  U  H  Q  Ả  N  M
L  G  Ạ  L  K  R  R  D  B  G  G  Ý  N  H  L
C  T  O  O  H  H  Ộ  R  D  D  A  L  G  T  T
Ơ  Â  L  M  Á  A  H  N  Í  T  Ừ  T  C  I  R
K  M  A  A  M  B  Q  I  G  H  T  Ậ  Á  N  Ụ
H  Q  R  S  P  O  U  G  N  Ờ  D  V  C  H  C
Í  C  H  Á  H  I  O  Q  Ộ  I  T  K  H  O  P
T  I  G  T  Á  C  D  À  Đ  G  N  Ộ  Đ  Ử  C
T  Ố  S  Ứ  C  É  P  R  G  I  I  R  U  L  T
C  G  C  T  I  P  O  U  N  A  N  B  C  C  G
K  K  Y  Đ  L  V  Y  R  Ă  N  L  C  D  D  R
U  R  N  C  Ộ  B  U  G  N  Ặ  N  N  Â  C  H
```

TRỤC	QUỸ ĐẠO
MA SÁT	CÂN NẶNG
TRUNG TÂM	HÀNH TINH
NĂNG ĐỘNG	SỨC ÉP
KHOẢNG CÁCH	TÍNH CHẤT
MỞ RỘNG	KHÁM PHÁ
VẬT LÝ	ĐÀ
TỪ TÍNH	THỜI GIAN
CƠ KHÍ	PHỔ
CỬ ĐỘNG	TỐC ĐỘ

23 - Caffè

```
C M T K G P A I C K P Q G Q C
A O Đ P I Q M O H Y E O N I Q
F O E K K P Q B Ấ M A M Ố V Á
F V N D B I N Ộ T V K Ơ U A P
E A A H T H U L L R T H D R O
I M M P H I Y Ọ Ở Y I T P L V
N C K H P C G C N R A N G G P
E Y G Q T K C Ố G O H X P H S
Y O D N Y B C G G P L Q G N Ữ
H Ư Ơ N G V Ị N L N G K M Q A
C D M N C P N Ố T N P V Q I O
R G N Á S I Ổ U B Y V N A T V
M U H R U P L Ồ O M Q Ư C G D
Đ Ư Ờ N G D H Đ Ắ N G Ớ Ố U C
V P K C D U T R G B K C C N D
```

NƯỚC	SỮA
ĐẮNG	CHẤT LỎNG
THƠM	XAY
RANG	BUỔI SÁNG
UỐNG	ĐEN
ĐỒ UỐNG	GỐC
CAFFEINE	GIÁ
KEM	CỐC
BỘ LỌC	ĐƯỜNG
HƯƠNG VỊ	

24 - Uccelli

```
Y  K  C  T  N  P  D  Đ  R  C  C  T  B  G  H
C  Ê  L  M  Y  O  U  Ạ  G  O  H  R  N  N  A
L  C  U  D  I  Ễ  C  I  T  N  I  Ứ  U  Ể  D
Y  R  H  D  A  R  M  B  O  V  M  N  B  I  I
C  L  O  I  D  Đ  I  À  U  Ẹ  B  G  N  B  C
G  O  D  H  M  H  H  N  C  T  Ồ  Y  O  G  R
M  R  N  G  N  S  C  G  A  Y  C  C  Ô  N  G
V  P  C  B  U  N  Ẻ  C  N  U  Â  O  Y  Ò  N
Ị  M  M  K  H  Y  I  V  Y  U  U  G  P  M  Ỗ
T  N  V  P  N  R  A  V  L  B  Ồ  N  Ô  N  G
C  H  I  M  C  Á  N  H  C  Ụ  T  I  L  U  N
H  M  V  T  K  U  I  M  R  G  U  M  C  P  B
C  B  R  K  H  H  L  A  I  P  M  A  Ò  O  U
A  G  N  N  Ê  I  H  T  H  B  P  L  Y  Y  U
V  H  À  Đ  À  Đ  I  Ể  U  P  Q  F  B  M  K
```

DIỆC	CON VẸT
VỊT	CHIM SẺ
ĐẠI BÀNG	CÔNG
CÒ	BỒ NÔNG
THIÊN NGA	CHIM BỒ CÂU
YÊU	CHIM CÁNH CỤT
CHIM CU	GÀ
FLAMINGO	ĐÀ ĐIỂU
MÒNG BIỂN	TOUCAN
NGỖNG	TRỨNG

25 - Giorni e Mesi

```
Ư  T  H  Á  N  G  H  A  I  D  T  L  B  U  T
T  H  Ứ  N  Ă  M  L  Ị  C  H  H  Q  K  Á  V
Ứ  A  U  V  2  U  H  T  B  H  Ứ  Y  R  S  L
H  M  L  O  1  N  G  À  Y  N  B  M  R  Ứ  Ư
T  H  Á  N  G  M  Ộ  T  Q  I  A  H  Ứ  H  T
T  B  R  T  N  T  H  Ứ  B  Ả  Y  C  H  T  G
T  U  L  D  Á  T  Q  L  T  G  H  H  C  H  N
V  H  Ầ  K  H  O  H  B  R  D  N  Ủ  Q  Á  Á
Q  I  Á  N  T  L  H  Á  U  M  L  N  I  N  H
K  N  V  N  M  C  N  C  N  O  I  H  D  G  T
Y  A  V  M  G  Q  I  H  V  G  A  Ậ  T  M  C
Q  N  Ă  M  N  B  L  I  T  R  S  T  Q  Ự  C
B  T  K  C  Á  T  Ả  K  T  Q  L  Á  L  Ờ  H
R  G  Q  G  H  V  P  Y  M  R  V  K  U  I  N
H  Y  U  K  T  T  T  H  Á  N  G  9  U  K  T
```

NGÀY	THÁNG BẢY
NĂM	THỨ HAI
THÁNG TƯ	THỨ BA
LỊCH	THỨ TƯ
THÁNG 12	THÁNG
CHỦ NHẬT	THÁNG MƯỜI
THÁNG HAI	THỨ BẢY
THÁNG MỘT	THÁNG 9
THỨ NĂM	TUẦN
THÁNG SÁU	THỨ SÁU

26 - Casa

```
Y  L  Y  C  V  L  L  A  G  Q  G  Y  O  T  V
M  O  M  Ả  H  T  N  R  M  K  Á  I  G  Y  Ư
U  C  G  L  N  Ổ  S  A  Ử  C  C  G  C  D  Ờ
À  C  G  I  M  C  I  G  Ử  N  X  M  O  H  N
H  À  N  G  R  À  O  G  T  C  É  G  Y  M  È
N  T  H  Ư  V  I  Ễ  N  Y  O  P  I  P  K  Đ
N  P  C  T  I  P  I  Ơ  Q  N  Ế  D  A  M  L
À  H  B  R  Ư  M  P  Ư  Q  D  B  I  D  A  N
S  B  I  O  M  Ờ  R  G  G  M  À  V  V  N  A
P  H  Ò  N  G  D  N  B  M  H  H  M  I  D  K
T  K  V  R  Q  R  Q  G  R  P  N  V  I  Q  M
M  Á  I  N  H  À  Q  T  L  B  U  M  K  T  O
B  P  N  N  T  P  G  Q  H  M  K  K  H  R  Y
V  C  V  Ò  I  H  O  A  S  E  N  D  D  Ẳ  L
M  Q  M  L  Ò  S  Ư  Ở  I  B  T  V  P  N  A
```

GÁC XÉP	TƯỜNG
THƯ VIỆN	SÀN NHÀ
PHÒNG	CỬA
LÒ SƯỞI	HÀNG RÀO
NHÀ BẾP	VÒI
VÒI HOA SEN	CHỔI
CỬA SỔ	TRẦN
GA-RA	GƯƠNG
VƯỜN	THẢM
ĐÈN	MÁI NHÀ

27 - Fantascienza

```
D P N S P U C V T Ả D B P L I
Y K G Á T T O I N H O Q U T T
S P U C T O Y U U T I G K U T
T C Y H N P M A Y Ư L Ê I I Q
O L Ê T N I L I R Ơ C Ổ N Á A
P N N K Ư A H N Q N Ẫ Í B H C
I Ả T M I Ở R D R G G N G N À
A B Ử C L N N C E L C A R O C
T H Ế G I Ớ I G M A D Ử H Ế Ô
V C C Ự C R B C T I L L V T N
I Ị O A H M O B A Ư O V P C G
R K T U Y Ệ T V Ờ I Ợ U N Ự N
T D U A T V H N I T H N À H G
L M M I P C L R B I A B G T H
K R P M V D H T K I G H C Y Ệ
```

NGUYÊN TỬ	TƯỞNG TƯỢNG
NHÁI	SÁCH
DYSTOPIA	BÍ ẨN
NỔ	THẾ GIỚI
CỰC	ORACLE
TUYỆT VỜI	HÀNH TINH
LỬA	THỰC TẾ
TƯƠNG LAI	KỊCH BẢN
THIÊN HÀ	CÔNG NGHỆ
ẢO GIÁC	UTOPIA

28 - Fattoria #1

```
N  Â  H  C  P  Ắ  B  H  Ạ  T  G  I  Ố  N  G
À  Ư  L  H  G  T  Y  P  G  A  H  B  Y  D  U
Đ  C  Ớ  L  Ợ  N  V  T  G  T  R  Ò  R  C  M
K  Q  L  C  P  O  O  À  R  G  N  À  H  I  R
I  O  D  K  H  Q  N  T  C  O  N  M  È  O  K
G  G  A  N  H  T  V  M  Ậ  T  C  G  T  P  T
D  L  G  U  I  D  L  L  R  M  G  Ạ  A  R  P
M  Y  T  G  T  U  C  I  L  H  Y  O  U  G  G
G  Y  L  K  R  N  Ô  N  G  N  G  H  I  Ễ  P
U  Q  U  Ô  Ư  C  B  I  K  Y  V  G  K  A  A
Q  Q  D  H  Ờ  N  Ê  D  B  N  P  D  A  R  I
D  Y  E  K  N  O  D  B  L  M  N  U  D  Q  Y
B  P  A  Ỏ  G  N  O  N  O  C  U  L  G  K  V
M  Y  O  C  N  G  Ự  A  Q  A  N  Q  V  À  I
P  H  Â  N  B  Ó  N  C  H  Ó  O  I  N  I  V
```

NƯỚC	CON MÈO
NÔNG NGHIỆP	ĐÀN
CON ONG	LỢN
DONKEY	MẬT ONG
TRƯỜNG	BÒ
CHÓ	GÀ
DÊ	HÀNG RÀO
NGỰA	GẠO
PHÂN BÓN	HẠT GIỐNG
CỎ KHÔ	BẮP CHÂN

29 - Psicologia

```
Q  L  M  A  L  P  C  N  Ệ  H  C  Ộ  U  C  Đ
P  N  D  T  R  V  Ả  A  H  A  O  Q  P  Ú  Á
D  Y  R  H  R  I  M  B  R  Ậ  Q  H  U  X  N
T  H  Ự  C  T  Ế  G  V  M  Y  N  L  Ấ  M  H
U  D  V  Ộ  H  I  I  Ấ  Y  P  T  Ơ  Ả  G
L  A  N  A  Đ  Q  Á  Ô  K  N  O  Y  H  C  I
I  D  A  C  G  H  C  M  T  L  Đ  G  T  Ứ  Á
C  Á  T  Í  N  H  N  V  G  I  L  Ề  I  B  C
R  L  H  P  U  U  G  T  U  L  Á  Q  Ờ  Ấ  Ứ
D  D  À  L  X  Ý  T  Ư  Ở  N  G  C  H  T  H
H  G  N  À  S  M  Â  L  Q  O  O  G  T  T  T
N  R  H  K  I  N  H  N  G  H  I  Ệ  M  Ỉ  M
Q  V  V  Ả  N  H  H  Ư  Ở  N  G  K  U  N  Ề
U  Ễ  I  L  Ị  R  T  G  K  L  V  G  O  H  I
R  P  I  G  C  I  S  U  Y  N  G  H  Ĩ  H  T
```

CUỘC HẸN	THỜI THƠ ẤU
LÂM SÀNG	ẢNH HƯỞNG
NHẬN THỨC	SUY NGHĨ
HÀNH VI	CÁ TÍNH
XUNG ĐỘT	VẤN ĐỀ
CÁI TÔI	THỰC TẾ
CẢM XÚC	CẢM GIÁC
KINH NGHIỆM	TIỀM THỨC
Ý TƯỞNG	TRỊ LIỆU
BẤT TỈNH	ĐÁNH GIÁ

30 - Paesaggi

```
Đ  Ả  O  M  K  Q  S  S  A  M  Ạ  C  B  Đ  N
S  L  D  P  N  V  Ô  H  U  P  T  Q  Á  Ạ  Ú
U  Ô  M  D  P  Q  N  T  T  Q  C  A  N  I  I
K  L  N  Ể  I  B  G  A  H  M  P  I  Đ  D  L
V  O  L  G  Ồ  C  B  T  I  Á  I  D  Ả  Ư  Ử
Đ  Ầ  M  I  Đ  Y  Ă  G  B  I  C  I  O  Ơ  A
G  U  C  C  L  A  N  U  B  N  A  N  V  N  C
N  O  Y  U  H  M  G  P  R  Q  B  B  Ư  G  Q
Ũ  Q  Y  U  H  U  T  V  C  Q  Ã  D  V  Ớ  R
L  Ã  N  H  N  G  U  Y  Ê  N  I  K  Ị  A  C
G  G  G  M  T  U  C  Ầ  D  I  B  G  N  H  H
N  Ố  C  Đ  Ả  O  H  L  U  P  I  B  H  H  T
U  H  A  N  D  B  K  M  V  M  Ể  B  L  Ồ  C
H  A  N  G  Ú  I  T  Ầ  Y  P  N  P  P  V  O
T  M  A  H  D  I  P  Đ  B  Q  U  B  Y  U  Q
```

THÁC NƯỚC	BIỂN
ĐỒI	NÚI
SA MẠC	ỐC ĐẢO
SÔNG	ĐẠI DƯƠNG
SÔNG BĂNG	ĐẦM LẦY
VỊNH	BÁN ĐẢO
HANG	BÃI BIỂN
ĐẢO	LÃNH NGUYÊN
HỒ	THUNG LŨNG
ĐẦM	NÚI LỬA

31 - Energia

```
M  C  U  P  I  N  Đ  A  B  M  Q  Y  C  H  E
T  Ô  Ẽ  M  A  T  Ộ  A  Ử  B  O  Y  Ô  Ơ  N
U  P  I  G  Q  L  N  O  T  O  H  P  N  I  T
A  H  L  T  H  T  G  V  N  M  G  L  N  R  R
B  Ạ  N  P  R  I  C  N  Ẽ  D  Ễ  T  N  Ư  O
I  T  Ê  G  R  Ư  Ơ  Q  I  O  Ó  I  G  Ớ  P
N  N  I  C  C  T  Ờ  A  Đ  C  H  Q  H  C  Y
M  H  H  I  M  I  Q  N  H  A  Y  Đ  I  N  O
T  Â  N  K  C  O  B  D  G  M  Q  I  Ẽ  L  Ô
Q  N  L  C  T  N  A  O  R  C  N  Ẽ  P  D  I
D  D  E  O  Y  Y  L  L  B  C  A  N  D  L  A
V  C  S  B  X  Ă  N  G  Q  D  O  R  P  M  K
Q  N  E  T  C  D  A  T  L  G  O  A  B  C  M
N  H  I  Ệ  T  T  C  T  Á  I  T  Ạ  O  O  H
U  R  D  H  Y  D  R  O  R  O  O  O  N  H  N
```

MÔI TRƯỜNG	PHOTON
PIN	HYDRO
XĂNG	CÔNG NGHIỆP
NHIỆT	Ô NHIỄM
CARBON	ĐỘNG CƠ
NHIÊN LIỆU	HẠT NHÂN
DIESEL	TÁI TẠO
ĐIỆN	TUA-BIN
ĐIỆN TỬ	HƠI NƯỚC
ENTROPY	GIÓ

32 - Ristorante #2

```
M  G  A  L  G  V  C  A  N  L  I  K  V  T  B
S  N  A  Ì  H  T  I  Á  C  G  B  T  K  V  Ữ
T  Ú  I  R  N  P  H  Ụ  C  V  Ụ  N  A  M  A
R  T  P  B  Á  R  Q  Y  R  B  I  G  H  Ế  T
Á  V  C  Đ  B  A  U  D  R  H  V  N  P  O  Ố
I  R  M  L  Ồ  U  R  O  T  O  B  Ă  Q  P  I
C  D  C  P  T  U  N  Ư  Ớ  C  D  B  U  L  S
Â  Y  G  K  A  A  Ố  D  A  P  N  G  O  N  A
Y  R  U  R  P  Ư  D  N  N  M  O  N  U  M  L
V  D  T  Y  O  R  C  Q  G  U  V  Ứ  C  Y  A
U  Q  T  B  T  T  D  Ị  N  Ố  D  R  T  R  D
M  Ó  N  K  H  A  I  V  Ị  I  M  T  C  L  U
D  H  K  D  G  Ữ  Q  A  Ĩ  N  I  Á  C  A  D
G  Y  C  R  L  B  V  I  U  V  G  Y  U  A  C
Y  G  P  G  O  U  R  G  Q  T  H  M  T  V  T
```

NƯỚC	SALAD
MÓN KHAI VỊ	SÚP
ĐỒ UỐNG	CÁ
PHỤC VỤ NAM	BỮA TRƯA
BỮA TỐI	MUỐI
CÁI THÌA	GHẾ
NGON	GIA VỊ
CÁI NĨA	BÁNH
TRÁI CÂY	TRỨNG
BĂNG	RAU

33 - Moda

```
C P N Ú T R A U C I G L K M Q
B Q H H Q E L O I O T U K N T
K D D O Á N Ầ U Q H C O H B B
L I Ạ Đ N Ễ I H V K H V I D N
H Ả T R R G H Đ G V V G Ê A D
M V H C N N C T Ơ B G Ố M C U
N K O Ử D Ớ Ị Á H N Y C T Ắ Đ
P Ế Ả A N Ư L C C Ự G D Ố U R
T T I H Q H H U D H C I N L C
I C M À O U N I Q R P T Ả Y M
N Ấ Á N R X A B B M V K Ế N Ẽ
H U I G B H H T Ố I G I Ả N U
V I P V P R T N G H Ề T H Ê U
I T I P V T R K I K Q R L A Q
K L P N C M R T K H V C L V B
```

QUẦN ÁO

REN

CỬA HÀNG

THỰC TẾ

ĐẮT

NÚT

THOẢI MÁI

NGHỀ THÊU

THANH LỊCH

ĐƠN GIẢN

TỐI GIẢN

TINH VI

MẪU

PHONG CÁCH

HIỆN ĐẠI

XU HƯỚNG

KHIÊM TỐN

VẢI

GỐC

KẾT CẤU

34 - L'Azienda

```
C  H  U  Y  Ê  N  N  G  H  I  Ệ  P  Đ  H  P
T  M  S  C  H  Ấ  T  L  Ư  Ợ  N  G  Ầ  D  C
I  I  R  Á  A  R  B  T  V  C  D  P  U  D  P
Ế  P  C  H  N  H  T  D  M  T  Q  T  T  O  G
N  D  Ô  N  Ê  G  N  Ớ  Ư  H  U  X  Ử  D  D
B  O  N  Ị  Y  U  T  U  H  T  H  N  A  O  D
Ộ  G  G  Đ  U  N  M  Ạ  K  I  M  H  I  K  T
G  A  N  T  G  D  U  Q  O  Ề  L  T  B  V  T
V  R  G  Ế  N  O  L  Ị  V  N  Ơ  Đ  T  I  O
G  Ủ  H  Y  I  H  L  B  B  L  M  V  G  Ệ  À
G  I  I  U  À  T  L  O  L  Ư  L  U  R  C  N
Y  R  Ễ  Q  T  C  H  U  B  Ơ  I  M  P  L  C
P  O  P  Q  U  V  G  N  Ă  N  Ả  H  K  À  Ẫ
S  Ả  N  P  H  Ẩ  M  H  A  G  I  Q  U  M  U
T  R  Ì  N  H  B  À  Y  N  D  B  T  Y  M  N
```

SÁNG TẠO
QUYẾT ĐỊNH
TOÀN CẦU
CÔNG NGHIỆP
ĐẦU TƯ
VIỆC LÀM
KHẢ NĂNG
TRÌNH BÀY
SẢN PHẨM
CHUYÊN NGHIỆP

TIẾN BỘ
CHẤT LƯỢNG
DOANH THU
DANH TIẾNG
RỦI RO
TÀI NGUYÊN
TIỀN LƯƠNG
XU HƯỚNG
ĐƠN VỊ

35 - Giardino

```
C  K  Ỏ  C  P  G  H  D  Á  Đ  K  Q  Q  B  V
H  T  D  Â  B  G  A  R  A  A  Ấ  Q  O  K  N
K  T  R  Y  Â  C  I  Ụ  B  D  A  T  K  N  A
H  D  M  D  H  I  Y  M  B  P  M  Ạ  R  O  H
W  À  R  I  N  G  I  V  A  O  Y  B  L  K  I
A  E  N  Ờ  Ư  V  K  G  V  T  N  M  C  À  O
O  T  E  G  V  Ò  I  I  Õ  U  V  Ấ  B  G  L
Q  U  U  D  R  N  R  H  N  Q  L  T  L  H  I
T  H  Ẻ  T  S  À  O  B  G  G  K  M  P  O  C
T  G  P  Y  U  G  O  A  T  V  B  Y  P  A  K
X  Ẻ  N  G  M  S  Â  N  T  H  Ư  Ợ  N  G  N
D  G  L  P  B  Ă  N  G  G  H  Ế  I  K  V  K
H  I  Ê  N  A  T  H  O  H  K  A  L  O  B  C
U  H  A  H  H  C  M  G  R  C  B  A  Q  D  P
Y  H  A  I  R  A  U  B  H  A  K  N  D  L  A
```

CÂY	BĂNG GHẾ
VÕNG	HIÊN
BỤI CÂY	CÀO
CỎ	HÀNG RÀO
WEEDS	ĐÁ
HOA	AO
THẺ	ĐẤT
GA-RA	SÂN THƯỢNG
VƯỜN	TẤM BẠT
XẺNG	VÒI

36 - Riscaldamento Globale

```
L  L  H  K  A  P  H  K  C  A  Q  P  P  P  D
I  H  R  T  U  B  Ậ  H  Á  I  L  O  P  N  Y
D  K  T  A  M  U  U  Í  C  B  Ắ  C  C  Ự  C
Q  U  Ố  C  T  Ế  Q  D  T  N  K  N  P  I  N
B  Â  Y  G  I  Ờ  U  Ữ  H  Ă  H  H  H  O  H
C  U  R  N  Â  D  Ả  L  Ế  N  Ủ  I  Á  N  À
H  C  U  Ờ  K  B  V  I  H  G  N  Ẽ  T  I  K
Í  O  A  Ư  H  Q  C  Ẹ  Ệ  L  G  T  T  T  H
N  P  M  R  Í  Q  U  U  P  Ư  H  Đ  R  Ậ  O
H  N  A  T  H  Q  K  K  U  Ợ  O  Ộ  I  U  A
P  A  K  I  Ậ  O  B  M  B  N  Ả  H  Ể  L  H
H  L  M  Ô  U  I  D  N  H  G  N  Ý  N  P  Ọ
Ủ  A  O  M  V  A  T  Q  U  C  G  P  Ú  Á  C
P  O  I  K  T  Ư  Ơ  N  G  L  A  I  V  H  Y
N  B  I  V  C  Ô  N  G  N  G  H  I  Ệ  P  C
```

MÔI TRƯỜNG   CÁC THẾ HỆ
BẮC CỰC   CHÍNH PHỦ
CHÚ Ý   CÔNG NGHIỆP
KHÍ HẬU   QUỐC TẾ
HẬU QUẢ   PHÁP LUẬT
KHỦNG HOẢNG   BÂY GIỜ
DỮ LIỆU   DÂN
NĂNG LƯỢNG   NHÀ KHOA HỌC
TƯƠNG LAI   PHÁT TRIỂN
KHÍ   NHIỆT ĐỘ

37 - Frutta

```
U  I  W  I  K  Ả  U  Q  N  B  Q  H  P  I  N
Q  Ố  T  C  V  Y  G  I  D  L  L  U  V  Ô  Q
Q  U  Y  G  T  V  B  Y  Q  A  Ứ  D  Ả  X  N
R  H  Ả  H  G  L  G  K  Y  C  B  B  L  M  T
Q  C  I  A  H  Y  I  T  R  K  D  B  V  Â  Ơ
U  D  T  P  N  V  A  O  H  B  H  I  V  M  B
Ả  R  D  L  A  H  G  P  K  E  T  Y  V  M  I
M  I  M  B  H  O  Đ  Q  K  R  T  U  O  I  Á
Ọ  T  D  Đ  C  A  H  À  M  R  Á  G  O  U  R
N  I  L  Ê  U  R  U  G  O  Y  O  À  Đ  K  T
G  K  O  O  À  Đ  N  Â  U  X  Y  Â  C  D  M
Y  K  N  H  Q  Q  Ủ  K  T  M  N  R  R  Ư  A
M  Ậ  N  L  M  K  Q  U  M  P  U  B  C  A  H
C  A  M  A  Q  B  K  T  R  Á  I  X  O  À  I
H  T  Y  P  V  B  O  Q  R  H  K  N  H  O  T
```

QUẢ MƠ	TRÁI XOÀI
DỨA	TÁO
CAM	DƯA
TRÁI BƠ	BLACKBERRY
QUẢ MỌNG	CÂY XUÂN ĐÀO
CHUỐI	ĐU ĐỦ
QUẢ ANH ĐÀO	LÊ
QUẢ KIWI	ĐÀO
MÂM XÔI	MẬN
CHANH	NHO

38 - Fattoria #2

```
V Ự A O Q C N G H T T Ị V H H
O O Y V N C Ô G N H H C K U N
M Á Y K É O N Q L Ứ Ủ I Đ K V
Đ R C V O O G A L C Y H Ồ H L
Ộ I Ố C T L D P P Ă L H N V Ú
N V I N I S Â P C N Ợ U G O A
G K X B Q Ữ N T Q V I N C M M
V C A T N A K U L T Y G Ở R Ì
Ậ C Y O O G T K T R Á I C Â Y
T Ừ G C H V Ỗ H C Ạ M A Ú L I
V U I U C V R N Ẻ K H V C P K
V M Ó A U H H R G N O Ổ T C Q
R A U A U M Í M R I L Y O A N
H A I O U K I N H D P G K N L
T U V I P H B G C G O T C T T
```

NÔNG DÂN	SỮA
TỔ ONG	NGÔ
VỊT	CHÍN
ĐỘNG VẬT	CỐI XAY GIÓ
THỨC ĂN	NGỖNG
VỰA	LÚA MẠCH
TRÁI CÂY	CỪU
THẺ	ĐỒNG CỎ
LÚA MÌ	MÁY KÉO
THỦY LỢI	RAU

39 - Verdure

```
C  R  A  M  B  P  D  C  B  A  N  Đ  C  N  D
M  R  Y  D  M  U  B  À  Ô  D  G  M  Ậ  U  Ư
A  H  N  A  X  I  Ả  C  G  N  Ô  B  K  U  A
Q  T  B  H  O  L  T  H  N  H  U  N  Q  G  C
M  I  K  C  Y  Ô  Y  U  Í  S  À  G  L  C  H
M  Ấ  N  Ô  S  I  T  A  B  A  A  N  U  Ủ  U
U  Ù  D  O  O  G  Ố  N  Ả  L  R  Ừ  H  H  Ộ
A  N  I  B  U  A  R  L  U  A  O  G  G  Ẹ  T
P  B  Ỏ  T  D  U  À  M  Q  D  C  À  T  Í  M
M  V  T  N  Â  B  C  K  H  O  A  I  T  Â  Y
L  B  V  O  G  Y  T  O  I  G  O  D  P  V  Â
C  Ủ  C  Ả  I  K  Q  C  B  P  H  I  A  L  T
I  K  Y  O  U  U  P  N  Y  M  D  Y  N  P  N
Q  B  P  Q  N  D  T  V  C  R  C  N  D  C  Ầ
V  K  U  B  P  Q  G  O  T  T  V  K  U  H  C
```

TỎI	KHOAI TÂY
BÔNG CẢI XANH	ĐẬU
ATISÔ	CÀ CHUA
CÀ RỐT	MÙI TÂY
DƯA CHUỘT	CỦ CẢI
HÀNH	CỦ HẸ
NẤM	CẦN TÂY
SALAD	RAU BINA
CÀ TÍM	GỪNG
Ô LIU	QUẢ BÍ NGÔ

40 - Musica

```
P  H  D  V  D  G  N  À  H  N  P  Ị  H  N  B
T  R  G  I  H  H  A  L  P  Ị  H  N  M  L  M
Ộ  N  C  E  D  O  R  R  B  I  N  Ạ  B  P  R
Đ  Ể  V  N  Y  Q  P  H  L  Y  Ì  P  C  C  A
N  I  U  O  R  V  O  E  N  H  T  Q  D  S  A
Ế  Đ  Ễ  H  I  N  Y  M  R  B  Ữ  H  U  B  Ĩ
I  Ổ  I  P  Ợ  H  A  Ò  H  A  R  Q  G  A  G
T  C  Đ  O  K  P  I  U  N  V  T  H  B  L  I
M  T  I  R  G  H  R  N  A  H  Á  T  O  L  Ọ
T  U  A  C  P  Q  Ú  D  Ụ  N  G  C  Ụ  A  N
H  G  I  I  G  O  B  C  Ạ  H  N  M  Â  D  G
I  L  G  M  H  C  P  T  H  Ơ  Q  U  U  Q  H
O  P  Y  R  I  A  O  I  H  I  B  B  V  D  Á
V  R  A  Y  Â  S  B  M  V  L  O  L  D  D  T
A  O  K  B  M  Ĩ  T  N  H  P  M  A  V  I  B
```

ALBUM	ÂM NHẠC
HÒA HỢP	NHẠC SĨ
BALLAD	OPERA
CA SĨ	THƠ
HÁT	GHI ÂM
CỔ ĐIỂN	NHỊP NHÀNG
ĐIỆP KHÚC	NHỊP
TRỮ TÌNH	DỤNG CỤ
GIAI ĐIỆU	TIẾN ĐỘ
MICROPHONE	GIỌNG HÁT

41 - Barbecue

```
B M V S R L K D A M R B T H B
Ữ Đ Ù D I N U L I M A L C À G
A Ó T A D K Y N L U Y D R N N
T I R L H C À C H U A N A H Ó
R U Ò A A È T Ố X C Ớ Ư N O N
Ư H C S G B R I L C Q U V K T
A K H G I Ữ Á G I A Đ Ì N H I
Q K Ơ M Q A I Ờ M I Ờ L Ă T Ê
K N I L K T C H D V O I C I U
N Ư Ớ N G Ố Â Ạ P N Y Q Ứ N N
C B G B Y I Y R H K D N H T A
M U Ố I U O Q B M N U A T P Q
Y C H K A U A K B I M V K O G
L A O G G T B P M P Y Â O H K
D U V T O N C H B D Y M U Q O
```

NÓNG

BỮA TỐI

THỨC ĂN

HÀNH

DAO

MÙA HÈ

ĐÓI

GIA ĐÌNH

TRÁI CÂY

TRÒ CHƠI

NƯỚNG

SALADS

LỜI MỜI

ÂM NHẠC

TIÊU

GÀ

CÀ CHUA

BỮA TRƯA

MUỐI

NƯỚC XỐT

42 - Insetti

```
U  D  Q  D  B  N  O  G  I  K  H  K  R  C  B
H  B  O  Y  U  Ọ  K  O  G  N  M  M  D  Y  G
C  Ư  H  V  O  À  C  O  À  C  L  C  N  I  N
I  Ớ  H  C  I  H  R  H  Q  G  N  O  N  O  C
S  M  M  U  R  V  T  H  É  O  Ế  N  Ấ  H  U
Q  Â  B  Ư  Ớ  M  Đ  Ê  M  T  I  V  U  O  U
I  Ỗ  U  M  N  G  R  I  R  I  K  E  T  R  V
B  Ọ  N  G  Ự  A  Q  G  A  Y  C  S  R  N  I
Y  M  C  Q  T  C  Q  A  I  U  H  Ằ  Ù  E  T
R  Ệ  P  T  Y  V  G  N  O  Y  Â  U  N  T  B
L  A  D  Y  B  U  G  I  Ố  M  U  L  G  Y  T
D  O  O  K  Y  O  B  O  Á  V  C  L  K  A  U
H  P  V  O  M  N  P  A  U  N  H  T  O  V  T
B  Ọ  C  Á  N  H  C  Ứ  N  G  Ấ  G  K  D  K
Y  C  C  L  N  M  P  A  M  P  U  R  N  M  N
```

RẸP   ẤU TRÙNG
CON ONG   CÀO CÀO
HORNET   BỌ NGỰA
CHÂU CHẤU   BỌ CHÉT
CON VE SẦU   GIÁN
LADYBUG   MỐI
BỌ CÁNH CỨNG   SÂU
BƯỚM ĐÊM   ONG
BƯỚM   MUỖI
KIẾN

43 - Fisica

```
H  N  Q  C  A  V  G  L  N  C  N  K  M  T  P
Ạ  G  R  G  O  T  Ạ  H  H  Q  Ơ  P  U  I  H
T  U  Y  M  A  Ầ  T  G  C  L  D  K  N  Q  Â
N  Y  D  V  U  N  Ừ  D  K  H  Í  Q  H  B  N
H  Ê  C  P  D  S  T  Đ  Ộ  N  G  C  Ơ  Í  T
Â  N  Ứ  Ự  M  Ố  Í  G  I  A  T  Ố  C  Y  Ử
N  T  H  K  L  I  N  H  Ó  A  C  H  Ấ  T  A
I  Ử  T  N  V  G  H  N  R  I  P  D  D  H  V
N  N  G  B  A  G  N  Ộ  R  Ở  M  H  T  O  U
Q  K  N  Ế  I  B  K  Ọ  G  R  Y  A  Ổ  R  I
K  N  Ô  G  V  Ộ  Y  O  R  H  T  P  V  V  O
C  M  C  R  N  Đ  I  Ễ  N  T  Ử  B  Q  M  U
G  P  B  C  Ố  T  N  Ậ  V  B  A  Q  H  Y  U
H  C  A  D  Q  Ậ  Y  V  U  I  L  T  N  U  Y
U  I  I  L  N  M  O  H  Ỗ  N  L  O  Ạ  N  H
```

GIA TỐC	TRỌNG LỰC
NGUYÊN TỬ	TỪ TÍNH
HỖN LOẠN	CƠ KHÍ
HÓA CHẤT	PHÂN TỬ
MẬT ĐỘ	ĐỘNG CƠ
ĐIỆN TỬ	HẠT NHÂN
MỞ RỘNG	HẠT
CÔNG THỨC	PHỔ
TẦN SỐ	BIẾN
KHÍ	VẬN TỐC

44 - Agronomia

```
K H O A H Ọ C H Ệ T H Ố N G N
B H K N D M Ô I T R Ư Ờ N G A N
Q M V Y L T A C R Y A V Ó N N
S Ả N X U Ấ T Ô G I O G B Ợ Q
A V Ò L G Đ P C N Á R Q N Ư B
V B M P T Q Ẽ Y Ố H U I Â L O
P I I U H D I R I T I G H G M
H R Ó A Ứ N H I G H R Ễ P N L
N Ữ X G C C G L T N Y G M Ă I
Ệ N U Y Ă Ọ N I Ạ I A Y I R
B H V C N H G Ê H S Q N D P N
R A K D Ơ B N D I C P D I N Ư
P O P H M K Ô Q D H L K B L Ớ
Q G Y Q R R N Ô H T G N Ô C
S Ự P H Á T T R I Ể N N L R N
```

NƯỚC
NÔNG NGHIỆP
MÔI TRƯỜNG
THỨC ĂN
SỰ PHÁT TRIỂN
SINH THÁI
NĂNG LƯỢNG
XÓI MÒN
PHÂN BÓN
Ô NHIỄM

BỆNH
HỮU CƠ
SẢN XUẤT
NGHIÊN CỨU
NÔNG THÔN
KHOA HỌC
HẠT GIỐNG
HỆ THỐNG
HỌC
ĐẤT

45 - Erboristeria

```
I  M  D  M  K  Y  P  I  T  H  Ơ  M  Ẫ  G  N
C  H  Ấ  T  L  Ư  Ợ  N  G  T  C  Q  M  B  G
Y  U  P  I  Q  P  O  R  U  K  A  V  T  O  H
À  Ế  U  Q  G  N  Ú  H  H  G  P  T  H  C  Ễ
L  V  L  Á  K  I  N  H  G  I  Ớ  I  Ự  O  T
Ì  H  G  N  L  P  Y  X  A  N  H  D  C  N  Â
H  A  O  H  O  A  O  Ả  I  H  Ư  Ơ  N  G  Y
T  O  O  G  V  N  L  D  N  D  U  M  Ầ  N  L
U  H  A  U  Ư  L  A  P  K  A  V  Ù  H  Ơ  T
A  N  C  K  Ờ  B  B  G  Q  M  Q  I  P  Ư  Ỏ
R  K  G  Y  N  Ạ  I  B  E  Y  H  T  H  H  I
H  T  Y  U  K  C  I  U  Y  R  C  Â  N  Ạ  P
T  H  Ì  L  À  H  I  M  I  G  O  Y  À  X  O
R  T  D  R  H  À  B  L  C  I  P  D  H  O  B
R  O  S  E  M  A  R  Y  I  P  B  O  T  L  V
```

TỎI	HOA OẢI HƯƠNG
RAU THÌ LÀ	LÁ KINH GIỚI
THƠM	BẠC HÀ
HÚNG QUẾ	OREGANO
ẨM THỰC	MÙI TÂY
GIẤM	CHẤT LƯỢNG
THÌ LÀ	ROSEMARY
HOA	XẠ HƯƠNG
VƯỜN	XANH
THÀNH PHẦN	NGHỆ TÂY

46 - Danza

```
P  U  R  N  L  C  N  Ễ  I  V  C  Ọ  H  C  T
H  R  Q  H  O  Ổ  L  T  Y  K  Ả  G  C  H  R
O  Y  B  Ị  M  Đ  Q  H  V  R  M  D  Ạ  O  U
N  A  T  P  U  I  H  B  G  O  X  Â  H  R  Y
G  I  R  L  N  Ể  V  Q  C  I  Ú  Y  N  E  Ề
T  O  Ự  Q  I  N  R  Q  I  A  C  U  M  O  N
R  G  C  O  D  M  A  I  Y  D  G  G  Â  G  T
À  C  Q  C  Á  T  I  Ố  Đ  A  M  R  Ế  R  H
O  V  U  C  U  O  Ể  B  R  Ó  C  U  H  A  Ố
I  U  A  K  N  G  H  Ễ  T  H  U  Ậ  T  P  N
U  I  N  Q  N  D  T  N  H  N  L  R  Ư  H  G
K  V  L  V  Y  Q  Ơ  C  Ă  Ă  M  Y  T  Y  Y
Y  Ẻ  C  H  B  I  C  R  B  V  H  O  K  Ả  D
R  D  H  B  Y  R  H  B  T  U  V  D  D  H  U
G  U  V  M  R  O  Q  V  D  K  H  K  B  N  O
```

HỌC VIỆN   VUI VẺ
NGHỆ THUẬT   ÂN
CỔ ĐIỂN   PHONG TRÀO
ĐỐI TÁC   ÂM NHẠC
CHOREOGRAPHY   TƯ THẾ
CƠ THỂ   NHỊP
VĂN HOẢ   NHẢY
VĂN HÓA   TRUYỀN THỐNG
CẢM XÚC   TRỰC QUAN

47 - Biologia

```
C  I  M  H  G  C  T  Á  S  Ò  B  T  U  Đ  T
O  R  H  D  T  P  Ợ  H  G  N  A  U  Q  Ộ  H
L  T  B  C  Y  Ự  T  Y  Ầ  T  L  C  Q  T  Ẩ
L  H  N  I  S  G  N  Ộ  C  N  C  A  Y  B  M
A  E  N  O  M  R  O  H  G  R  K  A  T  I  T
G  T  C  I  Q  Q  V  M  I  O  Q  I  L  Ế  H
E  R  T  H  B  L  Y  I  Y  Ê  C  P  N  N  Ấ
N  G  E  N  Z  Y  M  E  P  Â  N  R  L  H  U
G  I  Ả  I  P  H  Ẫ  U  H  Ọ  C  O  O  Q  D
N  H  I  Ễ  M  S  Ắ  C  T  H  Ể  T  À  I  L
H  Ô  H  Ấ  P  P  H  Ô  I  Q  Q  E  I  R  Y
L  R  D  P  I  H  N  Ẩ  U  H  K  I  V  R  T
U  D  T  O  Y  A  N  C  A  Ó  H  N  Ế  I  T
D  K  C  C  V  Y  K  Y  N  Q  T  Ế  B  À  O
T  M  A  A  H  H  G  R  I  U  P  U  B  Q  C
```

GIẢI PHẪU HỌC
VI KHUẨN
TẾ BÀO
COLLAGEN
NHIỄM SẮC THỂ
PHÔI
ENZYME
TIẾN HÓA
QUANG HỢP
ĐỘT BIẾN

TỰ NHIÊN
THẦN KINH
HORMONE
THẨM THẤU
CÂY
PROTEIN
HÔ HẤP
BÒ SÁT
CỘNG SINH
LOÀI

48 - Attività Commerciale

```
V  L  T  V  N  V  Y  O  N  V  P  C  M  G  N
C  H  I  P  H  Í  Ă  B  Á  N  R  Ô  C  I  A
G  R  P  G  K  T  B  N  Ề  I  T  N  I  A  N
K  I  V  N  B  Q  A  L  P  T  M  G  U  O  L
T  I  Ả  N  N  R  I  R  P  H  K  T  Q  D  O
I  P  N  M  Ẽ  I  T  A  Ử  C  Ò  Y  K  Ị  N
Ề  A  Ó  H  G  N  À  H  K  R  T  N  R  C  H
N  I  L  N  T  I  P  Y  H  Q  B  N  G  H  À
T  I  Ợ  U  I  Ế  Á  C  H  Ủ  N  H  Â  N  M
Ẽ  I  I  Y  G  Đ  Ầ  U  T  Ư  K  K  K  A  Á
U  G  N  Ê  I  V  N  Â  H  N  T  I  Q  K  Y
M  Q  H  C  Á  S  N  Â  G  N  T  L  V  L  O
D  V  U  V  T  H  U  N  H  Ậ  P  M  I  C  I
K  L  Ậ  T  À  I  C  H  Í  N  H  I  Q  Y  P
Q  R  N  N  G  H  Ề  N  G  H  I  Ệ  P  V  D
```

NGÂN SÁCH	CỬA TIỆM
NGHỀ NGHIỆP	LỢI NHUẬN
CHI PHÍ	THU NHẬP
CHỦ NHÂN	GIẢM GIÁ
NHÂN VIÊN	CÔNG TY
KINH TẾ	TIỀN
NHÀ MÁY	GIAO DỊCH
TÀI CHÍNH	VĂN PHÒNG
ĐẦU TƯ	TIỀN TỆ
HÀNG HÓA	BÁN

49 - Fiori

```
U  V  Y  D  O  H  N  R  L  D  Â  M  B  Ụ  T
N  G  S  Y  P  P  O  P  B  B  V  B  H  Y  K
E  N  I  M  S  A  J  A  O  H  Ó  B  A  V  M
C  Ơ  A  D  H  T  U  L  H  C  I  U  T  Y  Q
P  Ư  D  A  H  K  C  V  U  Ồ  Ở  H  N  U  R
G  H  N  A  G  N  Ô  C  Ồ  B  N  B  G  C  R
A  I  O  N  U  C  A  I  L  O  N  G  A  M  I
R  Ả  G  N  Ơ  Ư  H  H  N  I  Đ  Ử  T  L  G
D  O  B  C  G  N  Ơ  Ư  D  G  N  Ớ  Ư  H  Á
E  A  T  R  P  L  H  O  A  L  O  A  K  È  N
N  O  M  B  C  R  A  O  H  H  N  Á  C  H  O
I  H  L  V  C  D  N  N  P  L  T  I  R  R  K
A  H  O  A  M  Ẫ  U  Đ  Ơ  N  L  H  Y  O  K
P  L  U  M  E  R  I  A  L  Q  Q  M  Q  M  I
L  Ờ  I  K  H  U  Y  Ê  N  L  A  I  N  T  V
```

BỒ CÔNG ANH
GARDENIA
JASMINE
HOA LOA KÈN
HƯỚNG DƯƠNG
DÂM BỤT
HOA OẢI HƯƠNG
TỬ ĐINH HƯƠNG
MAGNOLIA
DAISY

BÓ HOA
PHONG LAN
POPPY
HOA MẪU ĐƠN
CÁNH HOA
PLUMERIA
HOA HỒNG
CỎ BA LÁ
LỜI KHUYÊN

50 - Filantropia

```
T  U  C  L  P  T  T  Y  B  M  H  V  R  T  N
H  D  H  Y  Q  Y  À  R  N  K  K  O  K  Ừ  H
A  C  Ư  T  R  D  U  I  U  L  P  O  D  T  Â
N  Ộ  Ơ  Q  U  Ỹ  M  Ờ  C  N  G  B  R  H  N
H  N  N  C  Q  V  N  Ư  C  H  G  M  Q  I  L
N  G  G  N  Ặ  T  O  G  Y  Ầ  Í  T  P  Ẽ  O
I  Đ  T  T  R  I  A  N  I  H  N  N  H  N  Ạ
Ê  Ồ  R  O  N  H  Ó  M  E  Ể  R  T  H  Ự  I
N  N  Ì  À  C  A  M  Ụ  C  T  I  Ê  U  I  C
H  G  N  N  U  L  M  V  V  P  P  P  Q  Q  Ạ
H  A  H  C  Y  Q  A  M  Y  H  I  Q  M  D  L
A  U  R  Ầ  T  V  D  Ẽ  Y  Y  T  V  U  C  N
C  M  L  U  O  H  L  I  T  H  Ế  H  Ệ  O  Ê
L  Ị  C  H  S  Ử  D  H  C  R  Q  O  T  Y  I
I  V  Y  R  U  M  G  N  Ộ  C  G  N  Ô  C  L
```

TRẺ EM
CẦN
TỪ THIỆN
CỘNG ĐỒNG
LIÊN LẠC
TẶNG
TÀI CHÍNH
QUỸ
THẾ HỆ
THANH NIÊN

TOÀN CẦU
NHÓM
NHIỆM VỤ
MỤC TIÊU
TRUNG THỰC
NGƯỜI
CHƯƠNG TRÌNH
CÔNG CỘNG
LỊCH SỬ
NHÂN LOẠI

51 - Ecologia

```
U  I  O  C  T  L  O  À  I  I  K  D  P  M  T
Y  M  D  K  T  À  O  Q  T  D  H  K  A  Q  H
B  I  U  V  L  P  I  H  H  H  Í  T  C  F  Ự
U  V  O  G  Q  Q  B  N  O  V  H  P  T  L  C
T  O  À  N  C  Ầ  U  I  G  K  Ậ  V  O  O  V
Ậ  N  R  Ồ  U  C  L  G  Ể  U  U  I  P  R  Ậ
V  Ê  P  Đ  U  V  V  O  O  N  Y  Â  C  A  T
G  I  P  G  N  Ữ  V  N  Ề  B  K  Ê  V  U  B
N  H  P  N  T  Ự  N  H  I  Ê  N  C  N  D  O
Ộ  N  G  Ộ  P  Đ  A  D  Ạ  N  G  H  Á  O  Q
Đ  N  Ò  C  G  N  Ố  S  Ự  S  H  N  H  L  L
K  Ê  T  M  N  O  M  G  D  U  T  G  N  D  Y
H  I  H  P  T  V  Q  C  R  N  L  C  Ạ  C  C
M  H  I  V  T  I  A  B  Y  Ú  Y  O  H  Y  D
L  T  R  C  C  Q  C  N  K  I  M  A  R  S  H
```

KHÍ HẬU
CỘNG ĐỒNG
ĐA DẠNG
ĐỘNG VẬT
FLORA
TOÀN CẦU
BIỂN
NÚI
THIÊN NHIÊN

TỰ NHIÊN
MARSH
CÂY
TÀI NGUYÊN
HẠN HÁN
SỰ SỐNG CÒN
BỀN VỮNG
LOÀI
THỰC VẬT

52 - Discipline Scientifiche

```
T H I Ê N V Ă N H Ọ C T O R H
M I Ễ N D Ị C H Ữ G N N Ô G N
Đ T U N Í H Ó A H Ọ C O U I D
Ị Y C Ọ H G N Ợ Ư T Í H K Ả I
A A Ọ K K L Y L T A B L D I N
C V H Y Ơ N C P M H P A C P H
H N T Q C Ọ H I Ộ H Ã X K H D
Ấ M Ậ C Ọ H Ổ C O Ả H K A Ẫ Ư
T A V A H N I K N Ầ H T G U Ỡ
H D G T Ý L M Â T U R Q B H N
Ọ R N M L H Ó A S I N H C Ọ G
C M Ộ T H Ự C V Ậ T H Ọ C C U
O N Đ G N Á O H K Q G A A N Y
T N A U I Á H T H N I S C C G
B P H C S S I N H H Ọ C T P M
```

GIẢI PHẪU HỌC   MIỄN DỊCH
KHẢO CỔ HỌC   NGÔN NGỮ
THIÊN VĂN HỌC   CƠ KHÍ
HÓA SINH   KHÍ TƯỢNG HỌC
SINH HỌC   KHOÁNG
THỰC VẬT HỌC   THẦN KINH
HÓA HỌC   DINH DƯỠNG
SINH THÁI   TÂM LÝ
SINH LÝ HỌC   XÃ HỘI HỌC
ĐỊA CHẤT HỌC   ĐỘNG VẬT HỌC

53 - Scienza

```
N H À K H O A H Ọ C H A M I P
T Y L B N B O I Ý H Ó K T V Á
C Ự L G N Ọ R T N L A H M D H
T A K P Ê I H T Y Ử T N Â H P
H A N M I K D Y Q D H Ậ R Q G
G I Ả T H U Y Ế T Ữ Ạ D V A N
H U O O N Ậ Â T A L C R T U Ơ
T Ó L C N H C C K I H Y N T Ư
C I A C Ê Í K Ự Q Ẽ O A D L H
H R U C I H B H Q U G V T N P
N Ạ G K H K G T Á S N A U Q H
D B T K T Ấ K H O Á N G S Ả N
M I H G D M T N G U Y Ê N T Ử
T H Í N G H I Ệ M G N M K K B
Y H L H A R L C T I Ế N H Ó A
```

NGUYÊN TỬ	GIẢ THUYẾT
HÓA CHẤT	PHƯƠNG PHÁP
KHÍ HẬU	KHOÁNG SẢN
DỮ LIỆU	PHÂN TỬ
THÍ NGHIỆM	THIÊN NHIÊN
TIẾN HÓA	QUAN SÁT
THỰC TẾ	HẠT
VẬT LÝ	CÂY
HÓA THẠCH	NHÀ KHOA HỌC
TRỌNG LỰC	

54 - Acqua

```
R  T  O  Ã  B  N  Ơ  C  H  K  D  U  V  R  D
A  T  V  I  A  Ư  M  R  B  A  O  L  G  P  N
S  B  B  K  Y  M  U  H  G  T  P  Y  I  A  R
R  Ư  O  O  H  G  D  C  P  G  N  Ố  U  Đ  M
R  V  Ơ  T  Ơ  P  K  K  C  R  E  D  M  Ộ  H
I  L  O  N  I  B  R  U  N  G  K  Y  M  Ẩ  Ồ
C  P  Y  B  G  N  Ơ  Ư  D  I  Ạ  Đ  S  M  D
O  S  Q  V  N  G  D  P  Y  Q  H  G  A  E  C
O  Ó  M  I  Ô  H  I  K  Q  D  O  I  U  H  R
Q  N  T  M  S  B  B  Á  K  O  U  Ó  K  Ơ  D
K  G  O  K  B  R  O  I  Đ  U  L  M  Ê  I  L
V  Ò  I  H  O  A  S  E  N  C  Y  Ù  N  N  I
K  V  G  T  H  Ủ  Y  L  Ợ  I  Ớ  A  H  Ư  R
C  N  B  N  H  R  K  A  M  B  V  Ư  B  Ớ  G
T  U  Y  Ế  T  Ụ  L  Ũ  L  Y  G  A  N  C  M
```

LŨ LỤT	GIÓ MÙA
KÊNH	TUYẾT
VÒI HOA SEN	ĐẠI DƯƠNG
BAY HƠI	SÓNG
SÔNG	MƯA
SƯƠNG GIÁ	UỐNG
GEYSER	ĐỘ ẨM
NƯỚC ĐÁ	CƠN BÃO
THỦY LỢI	HƠI NƯỚC
HỒ	

55 - Boxe

```
Đ  I  K  B  T  R  Ọ  N  G  T  À  I  G  T  T
H  Â  V  I  O  Y  H  D  N  N  Đ  Á  Ă  I  K
H  U  Y  N  Ệ  H  V  O  Ô  Ắ  C  O  N  Ê  D
G  Ó  C  T  P  T  K  I  U  M  Ằ  C  G  U  T
Đ  I  Ể  M  H  I  S  Ể  H  T  Ơ  C  T  Đ  Y
U  Ĩ  C  U  G  Ừ  G  Ứ  C  A  C  Y  A  I  V
R  S  M  N  Y  H  N  L  C  Y  K  U  Y  Ể  K
C  U  V  I  I  A  M  G  C  O  H  U  V  M  O
Y  Ấ  P  H  Ụ  C  H  Ồ  I  R  U  P  H  U  L
K  Đ  Ố  I  T  H  Ủ  O  O  D  Ỷ  M  A  U  G
O  Ỹ  H  N  Ạ  M  C  Ứ  S  Y  U  D  B  I  N
C  R  N  G  M  G  A  L  Q  O  T  N  Q  K  B
V  N  A  Ă  H  G  U  C  L  G  A  Y  V  D  N
K  O  H  G  N  M  Y  V  V  V  Y  M  M  B  L
H  L  N  G  P  G  B  H  P  A  A  O  Y  O  O
```

KỸ NĂNG
GÓC
TRỌNG TÀI
ĐỐI THỦ
ĐÁ
CHUÔNG
ĐẤU SĨ
DÂY THỪNG
CƠ THỂ
KIỆT SỨC

SỨC MẠNH
TIÊU ĐIỂM
KHUỶU TAY
GĂNG TAY
CẰM
NẮM TAY
ĐIỂM
NHANH
PHỤC HỒI

56 - Imbarcazioni

```
T  C  Ộ  T  B  U  Ồ  M  I  B  L  O  A  H  P
Đ  H  T  H  U  Y  Ề  N  B  U  Ồ  M  K  B  H
A  Ạ  Ử  H  T  Y  Ủ  H  T  K  V  I  A  H  I
O  H  I  Y  C  G  D  N  K  N  R  D  Y  L  H
V  G  D  D  T  T  P  N  D  B  U  I  A  B  À
I  L  U  Q  Ư  R  K  Q  O  I  Y  D  K  È  N
K  C  U  B  V  Ơ  I  A  D  Ể  P  D  G  Y  H
R  V  B  Ơ  O  E  N  Ề  G  N  Ồ  U  X  H  Đ
L  B  G  C  N  Y  U  G  U  H  Ả  I  L  Ý  O
S  Ô  N  G  N  Ử  H  T  Y  Â  D  P  A  L  À
B  H  Ó  N  Ề  Y  U  H  T  U  D  Q  H  U  N
R  I  S  Ộ  C  D  D  O  V  R  Y  K  O  À  Y
V  Q  R  Đ  H  R  U  L  H  P  Q  U  M  D  D
T  R  Q  A  U  K  B  O  I  C  V  H  I  A  A
G  A  K  U  A  V  Y  N  H  Ồ  A  G  N  R  Q
```

CỘT BUỒM	BIỂN
NEO	THỦY TRIỀU
THUYỀN BUỒM	THỦY THỦ
PHAO	ĐỘNG CƠ
XUỒNG	HẢI LÝ
DÂY THỪNG	ĐẠI DƯƠNG
PHI HÀNH ĐOÀN	SÓNG
SÔNG	PHÀ
KAYAK	DU THUYỀN
HỒ	BÈ

57 - Chimica

```
O  M  N  H  O  R  V  Ô  C  B  T  I  M  V  N
G  H  Q  Ạ  I  T  G  X  Ơ  C  U  Ữ  H  O  H
T  K  C  T  I  X  A  Y  D  Á  D  Y  P  B  I
A  G  H  N  O  I  P  B  Ử  T  N  Â  H  P  Ễ
A  O  Y  H  Y  G  P  G  R  C  L  N  V  Q  T
M  N  P  Â  K  I  Ề  M  O  Ú  U  C  V  D  Đ
E  R  U  N  O  B  R  A  C  X  Ử  G  D  V  Ộ
M  Đ  I  Ệ  N  T  Ử  I  N  T  T  K  Y  I  C
Y  U  K  O  U  Ễ  L  D  T  Ấ  N  O  O  G  Â
Z  C  Ổ  H  B  I  K  M  L  H  Ê  A  I  D  N
N  Q  V  I  C  H  K  Y  I  C  Y  T  M  G  N
E  A  T  C  O  N  A  H  B  B  U  D  I  N  Ặ
C  H  Ấ  T  L  Ỏ  N  G  Í  B  G  K  R  R  N
B  R  B  Q  C  I  O  M  B  B  N  O  Y  O  G
T  D  Q  R  K  C  N  U  L  I  C  K  M  Q  D
```

AXIT
KIỀM
NGUYÊN TỬ
NHIỆT
CARBON
CHẤT XÚC TÁC
CLO
ĐIỆN TỬ
ENZYME
KHÍ

HYDRO
ION
CHẤT LỎNG
PHÂN TỬ
HẠT NHÂN
HỮU CƠ
ÔXY
CÂN NẶNG
MUỐI
NHIỆT ĐỘ

58 - Api

```
M I O I V G L I V C D T Q L Q
Đ A D Ạ N G C L M D C V V B O
V A H O L H C Q Y Q L N L K M
R N B B T C I K I Q D D P C Ặ
D T G P K D D Q A D C G U Á T
A A N I Ợ L Ó C C U Ô Q D N T
G Q O Á H A L N Â Y N V V H R
P I T H Ứ C Ă N Y R T Ờ L O Ờ
R H Ậ T N C P T K P R H Ư E I
K P M H I Ấ L L V H Ù Q T V Y
U C G N À O H Ữ N Ọ N B C I I
Y Â C I Á R T P Q P G Q T H B
A K C S V C M Á M L H K H Ó I
B R N Ễ C Y R S K Ạ P O N K T
M H K H M L I Q Y I O Y A A Q
```

CÁNH	KHÓI
HIVE	VƯỜN
CÓ LỢI	CÔN TRÙNG
SÁP	MẬT ONG
THỨC ĂN	CÂY
ĐA DẠNG	PHẤN HOA
HỆ SINH THÁI	NỮ HOÀNG
HOA	HỌP LẠI
TRÁI CÂY	MẶT TRỜI

59 - Strumenti Musicali

```
I E N O H P O X A S T I R C V
T N I O A A U D O M Q R Y L P
L O L D H L R Đ Ù I M V Ố R R
Ụ B O T P G H M N Ì I B Q L N N
C M D C U M G I O Á S H P B G
L O N H U K M T D N È K H Q M
Ạ R A I P P A T E N I R A L C
C T M Ê C A R B A S S C D I C
U H O N C R I M O P R Ạ A P D
I N R G V R M R D T Y H D T C
G V O Y Y N B C N P N N N P E
Đ À N H Ạ C A T I H G N À Đ L
Đ À N V I Ô L Ô N G Q À C N L
N L K L L T Õ C Q V D D Y C O
K P O D Ư Ơ N G C Ầ M L K U I
```

HARMONICA
ĐÀN HẠC
ĐÙI
BASS
ĐÀN GHI TA
CLARINET
DÀN NHẠC
SÁO
CHIÊNG
MANDOLIN

MARIMBA
GÕ
DƯƠNG CẦM
SAXOPHONE
LỤC LẠC
TRỐNG
KÈN
TROMBONE
ĐÀN VI Ô LÔNG
CELLO

60 - Professioni #2

```
C H Í N H T R Ị G I A N R I N
P B U B Q P K Ử Y G O G R N H
Ạ B I L U N Q T D B P N R C À
O Á B À H N M A O U Ô Y T N
H C C Y H G Ư Á K N L C C G G
U S V H A I G H N À H I H P Ô
C Ĩ P P L Á N T T R D H A M N
Ọ L P O R O H H R Ủ D P I K N
H Ọ A S Ĩ V O V A I H U D L G
A Ư S O Á I G R Y S Ế T M L Ữ
Ó C H P Q Ê D R C L Ĩ T M B P
H H D P R N Â D G N Ô N G Q D
À N H I Ế P Ả N H G I A P I O
H O P Y C H L K Ỹ S Ư V L B A
N Ả B T Ấ U X À H N A Q V Y K
```

NÔNG DÂN
PHI HÀNH GIA
THỦ THƯ
NHÀ HÓA HỌC
NHA SĨ
THÁM TỬ
NHÀ XUẤT BẢN
TRIẾT GIA
NHIẾP ẢNH GIA
NHÀ BÁO

HOẠ
KỸ SƯ
GIÁO VIÊN
NHÀ NGÔN NGỮ
BÁC SĨ
PHI CÔNG
HỌA SĨ
CHÍNH TRỊ GIA
GIÁO SƯ

61 - Letteratura

```
C  D  T  B  H  C  D  V  D  Y  L  O  I  M  T
T  D  G  R  D  G  Y  A  Ầ  R  L  K  Y  Y  I
N  Y  O  A  O  G  K  Ụ  D  N  Ẩ  V  N  Q  Ể
P  H  Ầ  N  K  Ế  T  L  U  Ậ  N  D  H  U  U
G  N  Ý  Ả  T  U  Ê  I  M  Ự  S  D  B  A  S
I  Á  K  C  N  H  I  U  B  À  I  T  H  Ơ  Ử
A  S  I  H  H  C  Ể  P  D  I  Ạ  T  R  U  C
I  O  Ế  Ủ  Ị  Á  Q  L  T  R  O  Ư  Q  I  P
T  S  N  Đ  P  C  O  V  O  A  H  Ơ  T  H  Ơ
H  O  T  Ề  A  G  B  O  U  Ạ  T  N  T  B  A
O  H  C  Í  T  N  Â  H  P  Y  I  G  Á  I  B
Ạ  Y  D  K  M  O  G  I  G  Q  Ộ  T  C  K  Q
I  O  L  T  K  H  D  R  D  A  H  Ự  G  Ị  Q
P  U  N  M  P  P  N  G  K  L  P  T  I  C  M
T  I  Ể  U  T  H  U  Y  Ế  T  Q  H  Ả  H  P
```

PHÂN TÍCH	ẨN DỤ
TƯƠNG TỰ	Ý KIẾN
GIAI THOẠI	BÀI THƠ
TÁC GIẢ	THƠ
TIỂU SỬ	VẦN
PHẦN KẾT LUẬN	NHỊP
SO SÁNH	TIỂU THUYẾT
SỰ MIÊU TẢ	PHONG CÁCH
HỘI THOẠI	CHỦ ĐỀ
THỂ LOẠI	BI KỊCH

62 - Cibo #2

```
B G B G I Q U M Q T T B M T B
I A I H P V K A U H C A Ữ S U
Q N O H N A X I Ả C G N Ô B H
I M N D U G K D K I T A G K Y
R M K T C D DẠ D I R Y L N P K
P Q B P A V C O W T G Ô Ô K N
L Ú A M Ì I K O I N T C B M V
B C G V L U Y À C P H Ô M A I
Á À G N Ứ R T Đ Y Ầ H S Ă L Ố
N T R Ấ C À C H U A N K I G U
H Í G M D G D N N N Q T G K H
M M G À O L L A T Á O T Â T C
Ì Q C R G P H Ả Y C H N I Y T
T C N Q Y H L U N I N O O R H
B Q C U B P C Q Q V I K U L K
```

CHUỐI
BÔNG CẢI XANH
QUẢ ANH ĐÀO
SÔ CÔ LA
PHÔ MAI
NẤM
LÚA MÌ
QUẢ KIWI
TÁO
CÀ TÍM

BÁNH MÌ
CÁ
GÀ
CÀ CHUA
GIĂM BÔNG
GẠO
CẦN TÂY
TRỨNG
NHO
SỮA CHUA

63 - Nutrizione

```
G  N  Ỏ  L  T  Ấ  H  C  C  R  C  Y  M  C  C
N  I  M  A  T  I  V  H  Q  U  D  H  I  A  H
C  A  A  T  B  Ă  N  Đ  Ư  Ợ  C  Ư  I  R  Ấ
B  A  A  V  Q  N  O  C  U  C  P  Ơ  D  B  T
V  T  L  K  Ị  Y  G  H  R  R  I  N  Q  O  L
I  H  L  O  K  D  N  H  A  O  V  G  U  H  Ư
Ă  N  K  I  Ê  N  G  N  Ắ  Đ  T  V  L  Y  Ợ
K  V  M  C  T  Ố  X  C  Ớ  Ư  N  Ị  Ê  D  N
C  H  V  C  G  T  I  Ê  U  H  Ó  A  N  R  G
Â  U  Ỏ  V  P  C  R  P  V  R  L  B  M  A  N
N  A  A  E  O  Ộ  Q  T  R  H  A  L  E  T  Ặ
B  L  A  N  M  Đ  H  Q  M  N  Y  D  N  E  N
Ằ  B  T  G  A  Ạ  S  Ứ  C  K  H  Ỏ  E  Y  N
N  L  A  P  A  U  N  I  E  T  O  R  P  V  Â
G  V  I  G  P  O  G  H  H  H  L  R  D  V  C
```

ĐẮNG
NGON
CÂN BẰNG
CALO
CARBOHYDRATE
ĂN ĐƯỢC
ĂN KIÊNG
TIÊU HÓA
LÊN MEN
HƯƠNG VỊ

CHẤT LỎNG
CÂN NẶNG
PROTEIN
CHẤT LƯỢNG
NƯỚC XỐT
SỨC KHỎE
KHỎE MẠNH
GIA VỊ
ĐỘC TỐ
VITAMIN

64 - Matematica

```
P  P  Y  Đ  Q  T  R  P  R  O  R  B  Â  K  O
H  U  D  Ư  K  U  L  V  C  O  U  Á  M  S  B
Ư  M  V  Ờ  C  D  Ả  L  Á  H  H  N  L  O  B
Ơ  Ố  S  N  Â  H  P  N  I  R  P  K  Ư  N  R
N  R  P  G  H  G  T  G  H  Y  Í  Ợ  G  R
G  T  D  K  T  Ì  P  P  A  T  H  N  N  S  U
T  V  K  Í  I  G  N  Q  Đ  U  R  H  G  O  H
R  N  C  N  C  Ọ  H  H  N  Ì  H  Ư  N  N  I
Ì  A  Ọ  H  T  Ổ  N  G  C  T  G  O  Ờ  G  M
N  Â  H  P  P  Ậ  H  T  T  H  G  Ó  C  N  Q
H  N  Ố  Đ  Ố  I  X  Ứ  N  G  Ữ  G  O  N  G
C  K  S  R  V  L  L  C  Ó  G  G  N  Ô  U  V
S  T  A  M  G  I  Á  C  I  I  V  U  H  C  Q
G  Ố  D  I  B  T  R  U  C  T  Y  L  R  Ậ  B
O  A  C  Y  B  M  A  M  Ũ  V  T  B  V  Y  T
```

GÓC	CHU VI
SỐ HỌC	VUÔNG GÓC
THẬP PHÂN	ĐA GIÁC
ĐƯỜNG KÍNH	QUẢNG TRƯỜNG
PHƯƠNG TRÌNH	BÁN KÍNH
MŨ	HÌNH CHỮ NHẬT
PHÂN SỐ	ĐỐI XỨNG
HÌNH HỌC	TỔNG
SỐ	TAM GIÁC
SONG SONG	ÂM LƯỢNG

65 - Meditazione

```
C Q C Ả M X Ú C K H G V N H P
L H U G D T V H U G H P C D H
H Ò Ấ A Q U A N Đ I Ể M Ạ L O
Ò I N P N Ê I H N N Ê I H T N
A M N G N S R A A K Ế K N A G
B L A N B H Á O N Ầ H T M Â T
Ì Ặ L Ặ C I Ậ T T H T U Â L R
N N G L L Q Ế N Y D Ư L O T À
H G L U K G C T R C T Í G H O
R Õ R À N G D Y Ơ Q N T L Ở N
N O R H U R A O M N Q R V O H
R M U O Q H C H Ú Ý U Í U A C
U N O U T H Ư Ơ N G H Ạ I U C
L Ò N G T Ố T D S U Y N G H Ĩ
M Q M R I T G Q M M C U N U L
```

CHẤP NHẬN
CHÚ Ý
LẶNG
RÕ RÀNG
THƯƠNG HẠI
CẢM XÚC
LÒNG TỐT
LÒNG BIẾT ƠN
TÂM THẦN
LÍ TRÍ

PHONG TRÀO
ÂM NHẠC
THIÊN NHIÊN
QUAN SÁT
HÒA BÌNH
SUY NGHĨ
TƯ THẾ
QUAN ĐIỂM
THỞ
IM LẶNG

66 - Elettricità

```
T  Đ  C  M  Ạ  N  G  N  Ợ  Ư  L  Ố  S  T  Đ
M  H  Ổ  D  Â  Y  R  A  U  U  G  M  O  Í  I
H  V  I  I  M  V  D  Đ  È  N  M  C  N  C  Ễ
O  G  V  Ế  T  D  M  L  O  I  B  Ự  Ễ  H  N
O  B  P  R  T  Ư  Y  L  I  P  Á  C  I  C  T
D  P  O  I  G  B  Ợ  P  O  T  Y  U  Đ  Ự  H
A  K  D  G  P  Ổ  Ị  N  Đ  D  O  Ê  T  C  O
I  C  G  O  L  C  H  I  G  I  N  I  Á  T  Ạ
R  G  L  C  T  Ắ  B  T  C  L  Ễ  T  H  L  I
G  B  G  N  U  M  I  Q  O  B  I  N  P  R  Y
A  Y  A  A  M  V  R  O  B  U  Đ  A  Y  E  D
I  Y  O  H  G  A  H  G  L  N  Ợ  O  Á  S  V
L  O  A  C  D  A  T  U  M  Â  H  C  M  A  N
M  K  M  I  R  P  Q  K  Ữ  R  T  U  Ư  L  C
H  V  O  A  I  C  M  O  K  G  N  H  K  G  V
```

THIẾT BỊ	LASER
PIN	NAM CHÂM
CÁP	TIÊU CỰC
LƯU TRỮ	ĐỐI TƯỢNG
THỢ ĐIỆN	TÍCH CỰC
ĐIỆN	Ổ CẮM
DÂY	SỐ LƯỢNG
MÁY PHÁT ĐIỆN	MẠNG
ĐÈN	ĐIỆN THOẠI

67 - Antiquariato

```
B  O  Đ  G  G  Đ  Y  B  Ũ  D  I  R  A  L  V
Ộ  H  I  K  I  I  Ồ  H  C  Ụ  H  P  D  M  T
S  H  Ề  V  Á  I  G  N  Q  R  Q  N  Q  G  R
Ư  I  U  O  T  Ậ  H  T  G  Ư  T  U  Ầ  Đ  A
U  M  K  C  R  Q  I  O  H  X  Ậ  U  U  Y  N
T  V  I  P  Ị  O  C  Ắ  H  K  U  Ê  I  Đ  G
Ậ  G  Ễ  H  H  Q  L  R  N  N  H  M  M  Q  T
P  K  N  G  R  O  A  Y  A  A  T  Đ  Ụ  D  R
Q  Ỷ  H  V  P  A  N  P  M  I  Ễ  Ấ  K  C  Í
Q  K  B  L  O  K  V  G  N  C  H  U  T  H  U
D  Ế  V  H  D  V  H  A  C  P  G  G  I  U  T
C  H  Ấ  T  L  Ư  Ợ  N  G  Á  N  I  Y  T  U
G  T  G  D  U  Y  Q  G  R  N  C  Á  V  G  P
G  K  B  Y  H  C  Ị  L  H  N  A  H  T  Q  V
Đ  Ồ  N  Ộ  I  T  H  Ấ  T  G  U  T  G  D  H
```

NGHỆ THUẬT
MỤC
ĐẤU GIÁ
THẬT
THU
ĐIỀU KIỆN
TRANG TRÍ
THANH LỊCH
BỘ SƯU TẬP
ĐẦU TƯ

ĐỒ NỘI THẤT
ĐỒNG XU
GIÁ
CHẤT LƯỢNG
PHỤC HỒI
ĐIÊU KHẮC
THẾ KỶ
PHONG CÁCH
GIÁ TRỊ
CŨ

68 - Escursionismo

```
M  G  D  Đ  O  H  C  U  L  L  Q  R  A  C  H
A  N  I  Á  N  L  V  Q  O  K  M  O  V  M  H
T  M  B  À  U  P  V  U  I  Y  A  D  B  M  Ư
K  N  R  U  Y  K  H  Í  H  Ậ  U  V  R  K  Ớ
K  Ặ  M  T  Á  Ố  P  I  R  U  Q  M  R  D  N
M  N  P  H  Ồ  Đ  N  Ả  B  B  I  Ệ  B  N  G
Ặ  G  N  N  Q  H  G  T  O  A  T  C  Ê  D
T  A  Ư  T  Q  I  I  C  Ắ  M  T  R  Ạ  I  Ã
T  N  Ớ  M  O  V  U  Y  Á  Q  U  O  Q  H  N
R  Ú  C  H  K  G  N  M  V  V  T  L  H  N  A
Ờ  I  H  O  A  N  G  D  Ã  H  G  L  M  N  G
I  M  Ố  I  N  G  U  Y  H  I  Ể  M  V  Ê  I
S  Ự  Đ  Ị  N  H  H  Ư  Ớ  N  G  C  B  I  G
Đ  Ộ  N  G  V  Ậ  T  U  Ị  B  N  Ẩ  U  H  C
C  Ô  N  G  V  I  Ê  N  M  U  Ỗ  I  Q  T  Y
```

NƯỚC	MỐI NGUY HIỂM
ĐỘNG VẬT	NẶNG
CẮM TRẠI	ĐÁ
KHÍ HẬU	CHUẨN BỊ
HƯỚNG DẪN	VÁCH ĐÁ
BẢN ĐỒ	HOANG DÃ
NÚI	MẶT TRỜI
THIÊN NHIÊN	MỆT
SỰ ĐỊNH HƯỚNG	GIÀY ỐNG
CÔNG VIÊN	MUỖI

69 - Professioni #1

```
N G H Ệ S Ĩ P I A N O T D A Q
D V Ũ C Ô N G H D U V H A C C
A Ư K O Y U K N Y A M Ợ H T N
I T Ợ N P H T C À V Ứ S I Ạ Đ
V K I C V N G I M H N Ă M P M
Y R Q A S V B M B R N N I G Q
G M K L B Ĩ U B L B I Â T O N
N H À Đ Ị A C H Ấ T N O G H M
N Y V B P L U M B E R Á Ĩ N N
L N H Ạ C S Ĩ G L U Ậ T S Ư H
Ự N H À K H O A H Ọ C Y C T M
C J E W E L E R G M D V Á N N
S T H Ủ Y T H Ủ G I R P B D A
Ĩ S Ệ H G N B Á C S Ĩ T H Ú Y
B I Ê N T Ậ P V I Ê N V L V N
```

ĐẠI SỨ	JEWELER
NGHỆ SĨ	PLUMBER
LỰC SĨ	Y TÁ
LUẬT SƯ	THỦY THỦ
VŨ CÔNG	BÁC SĨ
NGÂN HÀNG	NHẠC SĨ
THỢ SĂN	NGHỆ SĨ PIANO
BIÊN TẬP VIÊN	THỢ MAY
DƯỢC SĨ	NHÀ KHOA HỌC
NHÀ ĐỊA CHẤT	BÁC SĨ THÚ Y

70 - Antartide

```
L G C R O V G N Ă B G N Ô S Q
O O Ả Đ N Á B H H G K Ả R N B
C D À V K B G I N G P S O U I
P K G I Q I P Ễ Ì Ị B G D P M
V O C R O T C T H H V N G V N
B B Ă N G C H Đ A K H Á K B T
C B B A B P U Ộ Ị H V O M Q V
M Ô N Đ Ị A L Ý Đ O R H A V M
M Ô I T R Ư Ờ N G A Y K C O R
M B B M O Ò D M Ă H T Đ Ả O V
C Á V O I O Q A P Ọ Y G T G G
Q Ớ Y N U D I C Ư C I N L A M
R P Ư L Ụ C Đ Ị A K A M R P A
V R Y N C M N V K G D P Y D L
B Ả O T Ồ N R R Đ Á M M Â Y O
```

NƯỚC	ĐẢO
MÔI TRƯỜNG	DI CƯ
VỊNH	KHOÁNG SẢN
CÁ VOI	ĐÁM MÂY
BẢO TỒN	BÁN ĐẢO
LỤC ĐỊA	ROCKY
THĂM DÒ	KHOA HỌC
MÔN ĐỊA LÝ	LOÀI
SÔNG BĂNG	NHIỆT ĐỘ
BĂNG	ĐỊA HÌNH

71 - Libri

```
V  N  Ơ  I  H  C  P  L  V  Q  T  C  T  I  B
Ă  Ễ  H  M  I  H  L  C  Ị  L  O  Ạ  T  K  I
N  Y  T  Â  N  T  N  M  B  C  A  H  T  É  K
H  U  Q  G  N  V  I  Ế  T  M  H  A  A  O  Ị
Ọ  H  Y  N  P  V  M  L  A  I  N  S  A  D  C
C  C  P  I  U  R  Ậ  N  M  M  Ả  D  Ử  À  H
L  U  P  B  K  U  U  T  V  V  C  D  P  I  Y
V  Â  I  O  K  M  H  Q  H  Ả  I  G  C  Á  T
D  C  O  C  Ạ  Q  T  Ừ  K  V  Ố  Q  Ọ  N  D
B  Ộ  S  Ư  U  T  Ậ  P  P  L  B  B  Đ  Q  Q
T  R  A  N  G  R  G  O  M  G  C  A  I  G  C
H  À  I  H  Ư  Ớ  C  N  C  C  U  D  Ờ  Y  A
R  R  T  K  I  T  V  G  Á  K  L  R  Ư  T  U
R  A  D  Q  O  P  Y  G  R  S  T  O  G  D  N
C  Ó  L  I  Ê  N  Q  U  A  N  A  K  N  D  Q
```

TÁC GIẢ	TỪ
NHÂN VẬT	THƠ
BỘ SƯU TẬP	CÓ LIÊN QUAN
BỐI CẢNH	VIẾT
KÉO DÀI	LOẠT
NGÂM	CÂU CHUYỆN
SÁNG TẠO	LỊCH SỬ
VĂN HỌC	BI KỊCH
NGƯỜI ĐỌC	HÀI HƯỚC
TRANG	

72 - Geografia

```
T  M  D  B  I  P  V  Y  R  K  G  H  G  O  V
Ố  H  P  H  N  À  H  T  Q  O  M  D  U  I  V
H  O  Ế  O  I  G  K  U  K  H  I  P  V  G  Q
T  Ả  V  G  P  C  I  H  Ầ  N  A  T  V  K  U
Ộ  Đ  H  N  I  K  T  N  D  C  A  N  Ú  I  Ố
L  H  O  Ô  O  Ớ  P  H  Í  A  N  A  M  B  C
C  Ụ  A  S  L  A  I  M  K  T  Ể  Á  I  Ả  G
M  B  C  C  G  M  O  Y  I  Y  I  V  B  N  I
L  D  Ộ  Đ  Ĩ  V  T  I  N  A  B  B  B  Đ  A
V  M  Đ  V  Ị  D  C  Q  H  T  U  Q  C  Ồ  I
L  K  Y  N  G  A  A  Y  T  L  Q  N  U  U  N
H  Ư  Ớ  N  G  T  Â  Y  U  A  D  A  B  G  B
L  Ã  N  H  T  H  Ổ  P  Y  S  K  R  V  M  C
R  L  C  G  U  A  K  A  Ế  B  H  B  Ắ  C  D
B  K  H  U  V  Ự  C  V  N  Q  B  R  P  A  N
```

ĐỘ CAO
ATLAS
THÀNH PHỐ
LỤC ĐỊA
BÁN CẦU
SÔNG
ĐẢO
VĨ ĐỘ
KINH ĐỘ
BẢN ĐỒ

BIỂN
KINH TUYẾN
THẾ GIỚI
NÚI
BẮC
HƯỚNG TÂY
QUỐC GIA
KHU VỰC
PHÍA NAM
LÃNH THỔ

73 - Cibo #1

```
H  N  Á  B  I  I  A  G  Y  M  U  Ố  I  T  I
M  Ư  G  Y  Ạ  Ả  T  Ố  R  À  C  L  Ỏ  H  O
P  Ớ  H  I  H  C  Ị  R  B  L  P  Ê  T  A  V
A  C  T  I  H  Ủ  H  C  Ạ  M  A  Ú  L  O  I
H  É  K  G  V  C  T  À  H  Ú  N  G  Q  U  Ế
L  P  H  Đ  Ư  Ờ  N  G  T  N  Q  O  T  M  U
L  G  O  Y  Y  S  Ữ  A  D  Â  U  T  Â  Y  Q
Y  V  N  U  G  H  H  U  A  N  I  B  U  A  R
M  U  P  Q  T  I  O  M  L  Y  N  R  R  R  I
A  Y  C  H  M  U  C  M  A  G  U  K  Y  G  K
R  Y  P  A  K  N  H  H  S  C  I  C  N  A  V
H  Q  B  O  B  K  K  K  A  A  G  C  N  B  K
G  O  Q  M  O  Y  Q  Ừ  G  N  Á  C  B  I  H
R  Y  G  R  T  M  L  O  N  B  H  N  À  H  K
M  K  K  A  I  B  H  V  B  V  L  D  B  D  N
```

TỎI	BẠC HÀ
HÚNG QUẾ	LÚA MẠCH
QUẾ	LÊ
THỊT	CỦ CẢI
CÀ RỐT	MUỐI
HÀNH	RAU BINA
DÂU TÂY	NƯỚC ÉP
SALAD	CÁ NGỪ
SỮA	BÁNH
CHANH	ĐƯỜNG

74 - Aeroplani

```
C R R C G N C Đ N P L P G K P
D U I N H O B Y Ổ Q M T H H H
B Ó N G À I R U B B T H Ạ Ô Ó
N H Y D R O Ề Y V Q Ộ I X N N
H C T R K A Đ U Q V A Ế U G G
I Á A K G C L H C C R T Ố K N
Ê H T V T Ộ A Q N A A K N H H
N K K H O Đ Q R P À O Ế G Í I
L H Đ M M R D B Ử S H C Ị L Ễ
I N Ộ X Â Y D Ự N G V I G K U
Ễ À N C Á N H Q U Ạ T V H N L
U H G P H I C Ô N G T A R P O
B C C R Q H Ư Ớ N G O N I R Ạ
K A Ơ B Ầ U T R Ờ I D G D D N
M R V Y T Q V V G I H A L I D
```

CHIỀU CAO   CÁNH QUẠT
ĐỘ CAO   PHI HÀNH ĐOÀN
KHÔNG KHÍ   HYDRO
ĐỔ BỘ   PHÓNG
NHIÊN LIỆU   ĐỘNG CƠ
BẦU TRỜI   BÓNG
XÂY DỰNG   HÀNH KHÁCH
THIẾT KẾ   PHI CÔNG
HƯỚNG   LỊCH SỬ
HẠ XUỐNG   NHIỄU LOẠN

75 - Governo

```
H  H  C  Ị  T  C  Ố  U  Q  T  Ậ  U  L  P  Q
M  I  G  Lự  A  H  Ể  M  I  Y  C  M  K  D
Đ  O  Ế  T  D  D  C  I  R  Ể  R  C  N  T  V
P  Ộ  N  N  O  U  M  B  U  U  I  L  Ậ  U  A
L  M  C  U  P  G  B  T  P  B  H  B  U  N  Q
G  Y  D  L  M  H  O  Á  O  A  Y  K  L  Q  M
R  H  T  V  Ậ  E  Á  H  Ạ  N  V  R  O  A  C
M  V  M  V  B  P  N  P  Đ  G  N  T  Ả  K  U
Q  U  Ố  C  G  I  A  T  Hợ  P  P  H  Á  P
C  H  Í  N  H  T  R  Ị  N  G  Á  Q  T  Q  T
B  Ì  N  H  Đ  Ẳ  N  G  Ã  A  H  Y  D  U  T
H  O  R  T  M  M  K  Y  L  H  P  R  Â  Ậ  N
B  I  Ể  U  T  Ư  Ợ  N  G  O  Ư  L  N  N  I
N  O  Y  D  Â  N  C  H  Ử  R  T  I  S  K  R
R  U  S  Ự  C  Ô  N  G  B  Ằ  N  G  Ự  C  H
```

LÃNH ĐẠO	HỢP PHÁP
QUỐC TỊCH	LUẬT
DÂN SỰ	TỰ DO
HIẾN PHÁP	MONUMENT
DÂN CHỦ	QUỐC GIA
PHÁT BIỂU	CHÍNH TRỊ
THẢO LUẬN	QUẬN
TƯ PHÁP	BIỂU TƯỢNG
SỰ CÔNG BẰNG	TIỂU BANG
ĐỘC LẬP	BÌNH ĐẲNG

76 - Bellezza

```
L  G  P  N  N  N  I  G  O  H  L  A  Q  D  A
Q  N  Q  Y  R  C  K  O  Ư  N  Y  K  U  Ằ  D
T  R  A  N  G  Đ  I  Ể  M  Ơ  I  C  Y  Ă  S
S  Y  A  Q  K  A  C  K  M  V  N  U  Ế  N  O
A  M  Ỹ  P  H  Ẩ  M  C  À  D  Â  G  N  Ả  N
N  M  A  S  C  A  R  A  U  N  Ầ  U  R  N  M
G  D  K  L  C  M  Ị  N  A  R  L  U  Ũ  H  Ô
T  Ị  T  R  S  T  Y  L  I  S  T  L  G  H  I
R  C  R  U  T  H  A  N  H  L  Ị  C  H  Ộ  D
Ọ  H  Y  C  G  I  Y  D  R  B  Y  U  T  A  I
N  V  V  G  M  N  Q  C  B  N  G  R  P  D  R
G  Ụ  Y  Q  L  L  K  A  P  K  R  P  T  P  B
H  Ư  Ơ  N  G  T  H  Ơ  M  O  É  Y  U  T  P
L  B  H  B  P  O  K  N  B  A  Y  O  A  N  M
H  K  H  Q  A  B  O  R  D  C  R  B  T  I  K
```

MÀU	MASCARA
MỸ PHẨM	DẦU
THANH LỊCH	DA
SANG TRỌNG	CURLS
QUYẾN RŨ	SON MÔI
KÉO	DỊCH VỤ
ĂN ẢNH	DẦU GỘI
HƯƠNG THƠM	GƯƠNG
ÂN	STYLIST
MỊN	TRANG ĐIỂM

77 - Forme

```
E  V  C  D  V  L  C  L  N  M  I  G  Q  M  G
Đ  L  M  Y  G  Ò  G  G  I  G  N  U  C  K  V
A  P  L  L  T  K  N  V  Ò  N  G  T  R  Ò  N
G  M  Y  I  R  Y  Ó  G  H  O  P  K  B  N  Ê
I  T  Q  V  P  N  N  T  Y  C  H  I  R  A  B
Á  I  N  H  L  S  Y  U  P  G  À  M  G  Ó  C
C  Y  G  C  U  R  E  C  E  N  N  T  H  T  Y
C  N  L  B  L  V  N  Q  R  Ờ  G  Ự  Ì  A  D
C  Ạ  N  H  D  R  U  K  B  Ư  A  T  N  M  G
C  D  B  O  P  I  Q  C  O  Đ  U  H  H  G  G
D  V  V  T  L  C  Ầ  U  L  L  A  Á  T  I  U
V  A  P  Y  C  Ă  Y  U  A  K  G  P  R  Á  P
B  R  L  O  R  D  N  L  Q  K  A  C  Ụ  C  I
K  C  P  O  K  P  H  G  U  A  O  Q  A  Y  B
Y  M  Q  P  Q  U  Ả  N  G  T  R  Ư  Ờ  N  G
```

GÓC	BÊN
CUNG	HÀNG
CẠNH	KIM TỰ THÁP
VÒNG TRÒN	ĐA GIÁC
HÌNH TRỤ	LĂNG
NÓN	QUẢNG TRƯỜNG
ĐƯỜNG CONG	VÒNG
ELLIPSE	CẦU
HYPERBOLA	TAM GIÁC

78 - Oceano

```
A G Y D S A A A H A L A Q I T
G B D T Ó H H Y K N A T Q Y H
G H N N N A D H T A P K A N Ử
K C K D G A K M H R Y A R A Y
A G A V P L R A D Y Ả V A P T
L A H Y L M G Q Q U B L I B R
M C A Y Q R V R M V Q I Ạ Y I
G T P Á T O Ã B H À U Q R I Ề
M S U L H C Á N G Ừ L Y N B U
Ô U Ứ C U R Ù A B Ọ T B I Ể N
T T Ố A Y C Ộ U T H C Ạ B C I
N P P I Ề L O C N C Á M Ậ P N
C C O H N S A N H Ô C Á V O I
P Á L Ư Ơ N Y G G I C N O K B
O T C Á H E O Q U Q H D D N V
```

LƯƠN	HÀU
CÁ VOI	CÁ
THUYỀN	BẠCH TUỘC
SAN HÔ	MUỐI
CÁ HEO	TRẢ LẠI
TÔM	BỌT BIỂN
CUA	CÁ MẬP
THỦY TRIỀU	RÙA
SỨA	BÃO TÁP
SÓNG	CÁ NGỪ

79 - Creatività

```
R  L  T  Q  R  N  G  H  Ệ  T  H  U  Ậ  T  R
L  Q  Í  D  U  H  N  Ễ  I  H  U  Ể  I  B  Õ
Ở  R  N  R  C  D  Ứ  I  A  H  D  O  T  N  R
N  H  H  C  Ú  D  H  O  C  N  D  K  Ự  G  À
G  L  X  K  X  N  M  B  B  T  H  B  P  C  N
D  S  Á  G  M  L  Ả  U  D  H  H  P  H  K  G
T  Á  C  M  Ả  P  C  G  L  G  R  V  Á  T  B
I  N  T  H  C  Ị  K  Ỹ  N  Ă  N  G  T  Ầ  M
T  G  H  K  G  Á  P  Ộ  B  T  H  N  P  M  B
B  T  Ự  V  I  T  I  Đ  D  Q  P  Ợ  U  N  K
K  Ạ  C  D  C  Á  I  G  M  Ả  C  Ư  O  H  R
L  O  L  N  M  R  P  N  C  Y  C  T  O  Ì  I
Ý  T  Ư  Ở  N  G  V  Ờ  Ả  Ự  M  N  N  N  C
S  Ứ  C  S  Ố  N  G  Ư  H  N  R  Ấ  D  P  L
Q  N  N  A  K  Y  D  C  K  L  H  T  R  P  T
```

KỸ NĂNG
NGHỆ THUẬT
TÍNH XÁC THỰC
RÕ RÀNG
KỊCH
CẢM XÚC
BIỂU HIỆN
LỎNG
Ý TƯỞNG
ẢNH

ẤN TƯỢNG
CƯỜNG ĐỘ
TRỰC GIÁC
SÁNG TẠO
CẢM HỨNG
CẢM GIÁC
TỰ PHÁT
TẦM NHÌN
SỨC SỐNG

80 - Veicoli

```
L N I D L I K Q O P Q G B Q X
P Q G O O V O I Y H N C G H E
B È Y V T P C P Q P L D H L T
X M L H L A A U Q P O N O Ố A
P E Y A V G X E T Ắ C X I P Y
H O C X E Đ Ạ P G G I V R N G
À É K Ứ H I D C A R A V A N A
O K Y A U H Q C Ử I Ử X O T D
Y Y H I Ả T E X L D L E T H N
M Á Y B A Y H V E C N B R U Q
D M U N O B V Ự X D Ê U V Y N
T À U N G Ầ M N Ơ V T Ý T Ề N
H G H A D V T P O N P T V N P
O L G V Đ Ộ N G C Ơ G K T C Q
X E Đ I Ệ N N G Ầ M X E H Ơ I
```

MÁY BAY

XE CỨU THƯƠNG

XE HƠI

XE BUÝT

THUYỀN

XE ĐẠP

XE TẢI

CARAVAN

VAN

XE ĐIỆN NGẦM

ĐỘNG CƠ

LỐP

TÊN LỬA

XE TAY GA

TÀU NGẦM

XE TẮC XI

PHÀ

MÁY KÉO

XE LỬA

BÈ

81 - Emozioni

```
B  S  L  T  L  H  I  I  U  G  O  V  N  A  R
Ị  Ự  N  Ò  O  V  B  U  H  T  R  I  Â  N  L
K  P  I  H  N  B  L  I  S  S  V  A  Y  R  D
Í  H  Ề  Ò  Ã  G  N  À  D  U  Ị  D  G  P  C
C  Ẫ  M  A  I  V  T  V  C  I  Y  C  V  N  Q
H  N  V  B  G  A  B  Ố  O  H  L  O  K  A  N
T  N  U  Ì  Ư  T  C  A  T  G  Á  Ặ  Q  H  Ỗ
H  Ộ  I  N  H  N  Ì  B  N  Ê  Y  N  N  B  I
Í  C  B  H  T  N  Ộ  I  D  U  N  G  N  G  S
C  H  À  I  L  Ò  N  G  D  Ê  C  B  O  Ả  Ợ
H  V  I  B  Ổ  Y  A  U  T  Y  Y  L  V  L  N
C  Ả  M  T  H  Ô  N  G  N  Ỗ  I  B  U  Ồ  N
P  G  N  T  U  A  Q  I  Y  T  A  L  L  V  K
C  P  V  M  Ấ  P  B  V  V  U  V  K  O  A  C
U  R  Y  K  X  L  T  R  D  A  U  I  D  C  M
```

YÊU
BLISS
LẶNG
NỘI DUNG
BỊ KÍCH THÍCH
LÒNG TỐT
NIỀM VUI
TRI ÂN
XẤU HỔ
CHÁN NẢN

HÒA BÌNH
NỖI SỢ
SỰ PHẪN NỘ
THƯ GIÃN
CẢM THÔNG
HÀI LÒNG
DỊU DÀNG
YÊN BÌNH
NỖI BUỒN

82 - Natura

```
K  Q  V  G  P  A  T  Q  U  U  Q  D  R  L  C
P  U  G  N  Ô  S  G  U  Y  A  U  V  P  L  H
I  A  N  Ò  M  I  Ó  X  B  P  R  G  G  Q  O
I  N  Ộ  L  K  L  R  T  Y  Ắ  M  I  C  R  A
O  T  Đ  S  Ư  Ơ  N  G  M  Ù  C  G  T  I  N
M  R  G  Á  H  Q  O  N  O  D  Ạ  C  K  H  G
E  Ọ  N  C  M  D  U  Ừ  L  Q  M  T  Ự  D  D
N  N  Ă  Q  I  M  Y  R  D  V  A  Ậ  O  C  Ã
E  G  N  M  G  B  Â  G  N  Y  S  V  P  T  V
R  R  I  M  B  N  O  Y  A  R  T  G  N  O  T
E  N  Q  L  I  Ớ  Đ  T  Ệ  I  H  N  G  Y  V
S  Ô  N  G  B  Ă  N  G  P  I  N  Ộ  Ú  Q  Ẻ
U  I  A  I  C  L  H  O  T  M  Á  Đ  B  I  Đ
Y  T  P  R  R  L  Á  P  M  N  H  Y  D  B  Ẹ
T  H  D  V  R  T  B  Q  A  R  T  B  Q  M  P
```

ĐỘNG VẬT	SÔNG BĂNG
ONG	NÚI
BẮC CỰC	SƯƠNG MÙ
VẺ ĐẸP	ĐÁM MÂY
SA MẠC	THÁNH
NĂNG ĐỘNG	HOANG DÃ
XÓI MÒN	SERENE
SÔNG	NHIỆT ĐỚI
LÁ	QUAN TRỌNG
RỪNG	

83 - Paesi #1

```
T  N  V  D  A  P  R  D  V  P  S  V  C  B  Q
G  Â  G  G  C  A  L  H  V  U  E  E  L  G  Q
Q  C  Y  Q  L  B  A  L  A  N  N  G  H  C
N  Y  N  B  E  Ộ  A  B  C  R  E  E  P  R  D
A  A  R  O  A  Đ  O  K  T  A  G  Z  A  V  H
L  I  T  N  R  N  D  U  L  D  A  U  N  D  T
N  C  C  D  S  Ấ  N  U  I  M  L  E  A  A  P
Ầ  A  M  Ậ  I  U  I  H  Z  U  V  L  M  U  R
H  N  A  O  P  U  T  K  A  I  A  A  A  Y  A
P  A  N  P  R  H  P  L  R  L  I  B  Y  A  K
I  D  T  T  T  O  T  M  B  A  N  I  R  A  Q
G  A  Ễ  A  I  H  C  U  P  M  A  C  P  H  G
D  T  I  R  B  Q  D  C  O  U  M  N  A  U  Y
P  G  V  Q  U  K  Y  D  O  C  O  K  U  N  R
P  K  Y  T  L  C  R  G  L  K  R  M  Đ  Ứ  C
```

BRAZIL
CAMPUCHIA
CANADA
AI CẬP
PHẦN LAN
ĐỨC
ẤN ĐỘ
IRAQ
ISRAEL
LIBYA

MALI
MOROCCO
NA UY
PANAMA
BA LAN
ROMANIA
SENEGAL
TÂY BAN NHA
VENEZUELA
VIỆT NAM

84 - Geometria

```
C  T  Ă  M  Ề  B  K  A  V  D  L  T  U  K  V
H  O  Í  G  N  Ứ  X  I  Ố  Đ  H  B  B  Í  Ò
I  T  G  N  Ứ  Đ  G  N  Ẩ  H  T  T  B  C  N
Ề  Ỷ  G  O  H  N  Ì  B  G  N  U  R  T  H  G
U  L  Ó  C  P  T  Q  B  K  C  D  K  T  T  T
C  Ẹ  C  G  V  H  O  O  Q  P  T  H  A  H  R
A  Ý  A  N  M  R  Ư  Á  O  G  P  N  M  Ư  Ò
O  L  L  Ờ  K  N  A  Ơ  N  Q  P  Q  G  Ớ  N
H  P  A  Ư  B  P  H  K  N  Q  L  U  I  C  B
K  Ợ  C  Đ  K  L  G  N  K  G  Q  I  Á  B  A
N  H  Ọ  C  T  H  U  Y  Ế  T  T  D  C  T  H
A  G  N  O  S  G  N  O  S  P  K  R  K  G  D
Y  K  A  K  H  Ú  C  R  D  I  A  M  Ì  T  A
L  H  N  N  A  L  U  Y  M  U  S  R  C  N  B
H  N  Í  K  G  N  Ờ  Ư  Đ  A  Ố  U  T  N  H
```

CHIỀU CAO
GÓC
TÍNH TOÁN
VÒNG TRÒN
ĐƯỜNG CONG
ĐƯỜNG KÍNH
KÍCH THƯỚC
PHƯƠNG TRÌNH
HỢP LÝ
TRUNG BÌNH

SỐ
NGANG
SONG SONG
TỶ LỆ
KHÚC
ĐỐI XỨNG
BỀ MẶT
HỌC THUYẾT
TAM GIÁC
THẲNG ĐỨNG

85 - Edifici

```
T  M  Đ  C  G  R  C  G  N  À  T  O  Ả  B  B
H  N  À  L  Â  U  Đ  À  I  I  R  U  H  Y  Ễ
Á  V  I  Đ  N  I  O  T  I  N  Ư  C  I  B  N
P  C  Q  Y  Ạ  C  K  O  T  N  Ờ  R  P  H  H
T  U  U  P  S  I  Ạ  R  T  G  N  Ô  N  U  V
P  I  A  R  H  P  S  M  O  U  G  U  Y  N  I
T  Q  N  O  C  G  B  Ứ  C  K  H  U  G  R  Ễ
V  V  S  H  Á  D  N  G  Q  T  Ọ  A  V  U  N
L  Y  Á  M  H  D  Y  G  L  U  C  À  H  C  Q
R  Ề  T  N  K  B  H  O  M  T  Á  H  P  Ạ  R
O  O  U  C  A  B  I  N  Q  C  L  N  U  U  V
M  I  V  Đ  Ạ  I  H  Ọ  C  Ă  Y  G  R  L  L
O  Y  Ự  B  Y  Á  M  À  H  N  Q  M  C  D  G
N  Q  A  H  C  N  V  P  Ị  H  T  U  Ê  I  S
K  Ý  T  Ú  C  X  Á  N  Y  Ộ  V  Y  R  T  N
```

ĐẠI SỨ QUÁN
CĂN HỘ
CABIN
NHÀ
LÂU ĐÀI
NHÀ MÁY
NÔNG TRẠI
VỰA
KHÁCH SẠN
BẢO TÀNG

BỆNH VIỆN
ĐÀI QUAN SÁT
KÝ TÚC XÁ
TRƯỜNG HỌC
SIÊU THỊ
RẠP HÁT
LỀU
THÁP
ĐẠI HỌC

86 - Malattia

```
L  M  G  T  U  D  M  I  T  N  T  D  T  B  V
L  Â  Ã  T  G  T  H  Ể  H  T  Ơ  C  T  C  T
Q  N  Y  N  G  N  C  P  Ắ  R  O  Q  I  N  D
T  G  A  N  T  M  Ị  H  T  A  V  I  Ê  M  O
B  R  R  I  H  Í  D  Ổ  L  P  I  C  Y  R  C
G  B  G  R  G  I  N  I  Ư  I  N  G  H  I  T
H  Ô  H  Ấ  P  R  Ễ  H  N  Ẩ  U  H  K  I  V
P  H  V  M  Q  R  I  M  G  N  Ơ  Ư  X  V  Y
Y  Ế  U  P  C  P  M  H  N  N  K  B  D  S  A
D  I  T  R  U  Y  Ề  N  Ụ  C  Ứ  U  P  Ứ  C
M  Ầ  M  B  Ệ  N  H  A  B  O  P  Ị  G  C  N
H  Ộ  I  C  H  Ứ  N  G  A  K  B  O  D  K  U
T  R  Ị  L  I  Ệ  U  C  R  Q  M  U  M  H  A
C  H  Ữ  A  B  Ệ  N  H  K  K  P  C  K  Ỏ  R
Y  P  N  Y  U  B  M  Y  I  V  A  V  D  E  T
```

BỤNG	MIỄN DỊCH
DỊ ỨNG	VIÊM
VI KHUẨN	THẮT LƯNG
LÂY NHIỄM	XƯƠNG
CƠ THỂ	MẦM BỆNH
MÃN TÍNH	PHỔI
TIM	HÔ HẤP
YẾU	SỨC KHỎE
DI TRUYỀN	HỘI CHỨNG
CHỮA BỆNH	TRỊ LIỆU

87 - Paesi #2

```
S M U L H A I T I M K V V O V
Y V A N I A R K U E K L D D P
R P I E M B O O B X M K G Q Y
I A P P G D U H C I L À O C D
A Y O A Ạ G U M G C Q C H D A
I S I L I L M P M O I N A Q I
R U H C B Q Y P A K I S T A N
E D T I T P C H N G A L V D A
G A E M C O V C I Ả G M Q P B
I N V M H K O Ạ D R B L U H L
N U G A N D A M P T E T U R A
J A M A I C A N O Q V L Ậ D U
L I B E R I A A C M A R A H G
L V G Q D B A Đ T K R U U N N
I N D O N E S I A K Y D V G D
```

ALBANIA	LIBERIA
ĐAN MẠCH	MEXICO
ETHIOPIA	NEPAL
JAMAICA	NIGERIA
NHẬT BẢN	PAKISTAN
HY LẠP	NGA
HAITI	SYRIA
INDONESIA	SUDAN
IRELAND	UKRAINA
LÀO	UGANDA

88 - Tipi di Capelli

```
N  Q  V  M  C  Y  K  H  Ô  B  Ẽ  N  S  Y  Y
G  P  Q  B  N  B  P  A  R  H  V  L  D  R  A
U  L  I  B  A  L  R  R  G  G  C  R  I  V  B
A  S  L  K  B  U  M  I  Ó  H  V  U  A  N  D
T  L  B  U  Y  V  K  À  B  D  Q  Â  R  N  Y
O  R  M  R  M  Ị  N  D  U  Đ  E  N  B  Y  P
U  U  Ắ  T  C  X  O  Ă  N  X  U  U  P  Ạ  L
D  C  I  N  D  À  Y  D  T  N  Á  À  Q  D  C
K  P  O  D  G  N  À  V  C  Ó  T  M  L  A  Q
Y  A  N  T  N  K  H  Ỏ  E  M  Ạ  N  H  L  V
G  H  R  M  Ỏ  G  M  Y  D  Y  U  C  O  C  O
M  Ề  M  Q  M  T  T  K  C  B  Q  I  C  A  C
B  U  Q  Q  D  Q  T  P  G  I  B  H  M  R  P
N  G  Ắ  N  A  O  Q  V  M  A  B  M  À  B  H
A  L  L  P  Y  L  D  B  U  O  U  D  U  Q  A
```

BẠC	DÀI
KHÔ	MÀU NÂU
TRẮNG	MỀM
TÓC VÀNG	ĐEN
NGẮN	XOĂN
HÓI	CURLS
MÀU	KHỎE MẠNH
MÀU XÁM	MỎNG
BỆN	DÀY
MỊN	BRAIDS

89 - Vestiti

```
G N C P T L G H R V Á U A D B
R P Y A Á H V Ớ H G O C I U A
T H T J O G Ắ O G Ổ C G N Ò V
K I Ũ A S L Ă T I K Á U T M P
D É P M Ơ Ổ V N L H N O A V K
T T B A M C Ò Ă G Ư H L C M C
H Ạ Y À I G N Q L T N E L O Á
Ờ P Á T G N U Q Y A G O K O
I D V Q Y À T Ầ Y L T Y N T H
T Ề V H K U A N Q Q O C N V K
R O Q P Q Q Y J I B Y P T A O
A Q B K Y N H E U U U Q U V Á
N U N L B Ă P A Y G V H B B N
G Ầ H I U H T N Q H O O C Q O
U N M I L K L H Y I R T D V R
```

ĂN	TẠP DỀ
VÒNG TAY	GĂNG TAY
VỚ	QUẦN JEAN
ÁO CÁNH	ÁO LEN
ÁO SƠ MI	THỜI TRANG
MŨ	QUẦN
THẮT LƯNG	PAJAMA
VÒNG CỔ	DÉP
ÁO KHOÁC	GIÀY
VÁY	KHĂN QUÀNG CỔ

90 - Attività e Tempo Libero

```
U A O Y Á B T Y T K D H P O U
Y Q Y Q C A Ó P M V K C G G N
M Ắ S A U M H N A Ề Y U Q T
A C L Q Â Ầ H M G B Ó N G Đ Á
L Ắ À N C G N B H C Í H T Ở S
C M M M B C O V B D H K C V I
B T V R M Ó Q Y Ợ P R U N Q V
Ứ R Ư M B T N C U T P D Y H T
C Ạ Ờ Y À H C G N Ó B N I Ề I
T I N M L Ư P A R L L V D N N
R V O N B G A P A Ổ T F P O L
A T B V Y I Ộ L I Ơ B L Ư Ớ T
N H H D I Ã C L V M P O T O B
H K N C N N Ặ L A I A G H G K
N G H Ệ T H U Ậ T D U L Ị C H
```

NGHỆ THUẬT	BƠI LỘI
BÓNG CHÀY	BÓNG CHUYỀN
BÓNG RỔ	CÂU CÁ
QUYỀN ANH	BỨC TRANH
BÓNG ĐÁ	THƯ GIÃN
CẮM TRẠI	MUA SẮM
LÀM VƯỜN	LƯỚT
GOLF	QUẦN VỢT
SỞ THÍCH	DU LỊCH
LẶN	

91 - Tecnologia

```
U  G  U  U  M  À  N  P  M  Ề  M  N  Ầ  H  P
T  Ú  R  I  V  M  R  V  Á  T  Ậ  P  T  I  N
E  H  B  A  L  Ả  V  B  Y  C  V  Ễ  M  T  I
N  D  Ố  Y  C  A  O  Y  Ả  O  K  I  N  T  D
R  U  H  N  I  N  N  A  N  N  T  Đ  G  D  K
E  V  Q  R  G  H  K  G  H  T  Ệ  G  L  Q  Y
T  G  O  N  A  K  C  G  U  R  Y  N  T  K  D
N  C  O  U  U  B  Ê  Q  N  Ỏ  U  Ô  A  L  B
I  D  Ữ  L  I  Ệ  U  M  R  T  D  H  A  T  P
N  N  H  L  B  Ố  S  T  Ậ  U  H  T  Ỹ  K  N
L  O  C  M  Á  Y  T  Í  N  H  N  T  K  K  P
N  G  H  I  Ê  N  C  Ứ  U  P  Ì  O  Q  V  C
L  H  G  A  Y  N  Q  Y  H  G  R  G  A  K  M
U  A  G  H  Q  T  O  N  Ộ  I  T  P  Y  A  L
N  H  O  P  T  O  P  O  I  L  M  P  H  G  L
```

BLOG
TRÌNH DUYỆT
NỘI
MÁY TÍNH
CON TRỎ
DỮ LIỆU
KỸ THUẬT SỐ
TẬP TIN
CHỮ
INTERNET

THÔNG ĐIỆP
NGHIÊN CỨU
MÀN
AN NINH
PHẦN MỀM
THỐNG KÊ
MÁY ẢNH
ẢO
VI RÚT

92 - Meteo

```
P  S  N  V  H  N  Y  A  G  N  D  B  Q  U  M
P  Ư  Á  H  G  H  A  R  I  Ư  H  Ã  C  S  G
V  Ơ  H  Ó  I  G  M  D  Ó  Ớ  B  O  L  Ấ  A
R  N  N  K  Ờ  Ễ  B  V  M  C  I  T  I  M  M
G  G  Ạ  C  R  Y  T  C  Ù  Đ  Ớ  Á  R  S  N
L  M  H  N  T  A  U  Đ  A  Á  Đ  P  C  É  I
U  Ù  G  T  U  R  N  H  Ộ  P  T  I  V  T  C
B  A  Y  M  Ầ  T  Q  N  A  I  Ễ  S  T  Ớ  Ầ
L  C  Ơ  N  B  Ã  O  K  N  K  I  É  K  Ư  U
Đ  Ố  G  O  U  M  B  H  I  N  H  T  M  M  V
Á  T  C  I  H  O  M  Ô  T  I  N  Í  B  Ả  Ồ
M  Q  Ự  X  M  L  B  Q  B  K  K  H  H  Q  N
M  G  C  G  O  K  H  Ô  N  G  K  H  Í  Ậ  G
Â  K  R  R  I  Á  O  Y  M  T  U  O  I  V  U
Y  L  T  K  C  D  Y  A  H  Q  K  K  A  O  I
```

CẦU VỒNG   CỰC
KHÔ   HẠN HÁN
KHÔNG KHÍ   NHIỆT ĐỘ
BẦU TRỜI   BÃO TÁP
KHÍ HẬU   LỐC XOÁY
SÉT   NHIỆT ĐỚI
NƯỚC ĐÁ   SẤM SÉT
GIÓ MÙA   ẨM ƯỚT
SƯƠNG MÙ   CƠN BÃO
ĐÁM MÂY   GIÓ

93 - Corpo Umano

```
A  I  A  L  B  G  G  D  G  O  T  C  B  D  U
G  A  V  R  Đ  V  N  Â  H  C  U  Ổ  Ụ  H  M
Y  Y  M  B  L  Ố  Ẽ  K  V  U  C  I  N  Q  M
V  I  N  T  L  D  I  Q  M  Ũ  I  M  G  Q  V
K  Y  Y  A  M  K  M  M  K  C  Ố  D  A  M  D
M  H  Y  H  N  Y  Ẳ  T  Ặ  O  G  H  N  V  A
Ắ  G  U  Q  L  N  C  I  Y  T  U  A  V  K  B
T  P  Ằ  Ỷ  U  L  R  C  H  R  Ầ  V  A  I  Y
C  C  Đ  M  U  H  T  C  K  L  Đ  V  I  V  G
Á  T  I  M  Á  T  C  Q  V  B  A  B  B  L  C
B  Ó  T  R  I  U  A  L  P  A  O  Y  D  G  V
Y  C  A  Y  B  N  B  Y  A  T  N  Ó  G  N  N
I  Q  I  I  Q  U  Q  A  M  V  C  K  T  T  D
Q  L  L  B  B  U  P  T  M  G  I  I  D  P  N
M  Ắ  T  Q  M  R  C  R  H  L  C  D  N  M  N
```

MIỆNG	TAY
MẮT CÁ	CẰM
ÓC	MŨI
CỔ	MẮT
TIM	TAI
NGÓN TAY	DA
ĐỐI MẶT	MÁU
CHÂN	VAI
ĐẦU GỐI	BỤNG
KHUỶU TAY	ĐẦU

94 - Mammiferi

```
H  R  B  Q  K  P  G  K  L  G  A  M  A  K  K
A  Ư  L  A  U  H  T  P  K  Ấ  M  G  O  Q  A
O  C  Ơ  C  K  N  Ỉ  B  T  U  M  Q  N  K  N
I  Á  P  U  D  Ằ  H  Đ  Q  Ừ  O  O  B  T  G
I  O  V  Á  C  V  K  U  Ộ  C  Ó  A  N  D  A
O  E  G  V  Ự  A  Ự  G  N  T  T  H  Ỏ  P  R
V  H  Y  A  Đ  Ự  O  E  T  O  Y  O  C  L  O
N  Á  O  H  Ò  G  B  C  I  Y  I  R  V  B  O
O  C  R  K  B  N  M  C  Ổ  A  N  M  O  Y  Y
C  P  K  H  N  R  D  R  Y  C  O  N  M  È  O
G  P  L  V  A  M  B  Y  T  D  H  Y  C  U  I
R  M  V  N  K  R  U  Y  U  Ử  Y  H  Ư  Ơ  U
H  Q  T  H  P  M  L  K  U  T  N  D  H  D  B
H  V  P  O  U  H  H  V  C  Ư  O  L  A  D  U
P  U  L  Y  O  B  C  H  Ó  S  Ó  I  A  R  U
```

CÁ VOI	HƯƠU CAO CỔ
CHÓ	KHỈ ĐỘT
KANGAROO	SƯ TỬ
NGỰA	CHÓ SÓI
HƯƠU	GẤU
THỎ	CỪU
COYOTE	KHỈ
CÁ HEO	BÒ ĐỰC
CON VOI	CÁO
CON MÈO	NGỰA VẰN

95 - Jazz

```
Q  K  G  T  B  K  A  N  G  M  Y  P  M  Y  B
D  R  T  M  R  I  N  H  C  Í  H  T  U  Ê  Y
H  P  O  T  G  Ố  Y  O  Ạ  A  C  H  P  N  Â
N  C  H  N  Ạ  M  N  Ấ  H  N  R  À  H  H  M
K  Ỹ  T  H  U  Ậ  T  G  N  Ứ  H  N  O  À  N
I  V  B  C  C  V  L  G  A  Q  Q  H  N  S  H
T  Q  P  Ũ  H  Ĩ  R  N  Ò  T  Y  P  G  O  Ạ
L  P  V  U  R  S  A  Ă  H  N  O  H  C  Ạ  C
O  C  I  O  K  Ệ  V  N  I  Ị  D  Ằ  Á  N  R
I  Ạ  O  L  Ể  H  T  I  Ổ  A  P  N  C  N  Y
Ớ  H  N  V  I  G  Y  À  U  C  L  H  H  H  I
M  N  D  K  R  N  I  T  B  O  O  B  Q  Ạ  H
D  N  Ổ  I  D  A  N  H  O  H  R  Y  U  C  L
B  À  I  H  Á  T  L  Y  V  C  U  V  P  M  U
N  D  R  G  D  H  B  I  Y  G  V  L  I  P  O
```

ALBUM	HỨNG
NGHỆ SĨ	ÂM NHẠC
TRỐNG	MỚI
BÀI HÁT	DÀN NHẠC
NHÀ SOẠN NHẠC	YÊU THÍCH
THÀNH PHẦN	NHỊP
BUỔI HÒA NHẠC	PHONG CÁCH
NHẤN MẠNH	TÀI NĂNG
NỔI DANH	KỸ THUẬT
THỂ LOẠI	CŨ

96 - Vacanze #2

```
G B H U X H N Ì R T H N À H G
T V Ã Ế U E K Q Y G Y G P T O
N V H I Í R T I Ả I G O O B D
I G A H B T K Ắ V Ú T Ạ L C P
K N B C N I M C C N Q I G O T
D U Q Ộ G Ả Ể G N X I Q R B A
D I N H Đ N A N T Q I U G Đ O
V Q I A Ả H L S O B D Ố N I Y
D C P V O D H U Â Q Y C C Ể U
Y Ự C N Ể Y U H C N Ậ V N M D
Q H K Ể O O Ồ Đ N Ả B Q P Đ O
M T O I Ạ R T M Ắ C Y A L Ế O
B Ị Y B P N G À Y L Ễ P Y N U
K H Á C H S Ạ N L Ề U K H K V
A T G Q I V X E L Ử A A N L L
```

SÂN BAY	BÃI BIỂN
CẮM TRẠI	NGOẠI QUỐC
ĐIỂM ĐẾN	XE TẮC XI
ẢNH	GIẢI TRÍ
KHÁCH SẠN	LỀU
ĐẢO	VẬN CHUYỂN
BẢN ĐỒ	XE LỬA
BIỂN	NGÀY LỄ
NÚI	HÀNH TRÌNH
HỘ CHIẾU	THỊ THỰC

97 - Attività

```
T  K  L  P  G  N  R  C  G  T  G  C  Q  K  H
Ậ  R  Ỹ  M  A  Y  C  M  C  H  B  A  L  I  O
U  C  Ò  N  G  H  O  A  C  Ư  O  P  C  I  Ạ
H  N  O  C  Ă  O  L  T  Â  G  G  I  K  P  T
T  R  G  R  H  N  T  H  U  I  N  R  H  A  Đ
Ễ  T  C  T  P  Ơ  G  U  Đ  Ã  Ô  G  G  A  Ộ
H  D  Y  R  T  U  I  Ậ  Ố  N  C  L  I  B  N
G  H  V  H  O  M  B  T  V  Q  Ủ  À  Ả  Y  G
N  À  B  N  H  I  Ế  P  Ả  N  H  M  I  G  N
N  I  U  A  A  Ạ  K  L  P  H  T  V  T  M  L
G  L  I  R  I  R  O  D  Q  G  Ồ  Ư  R  L  K
B  Ò  G  T  L  T  Y  T  D  Đ  Đ  Ờ  Í  P  A
O  N  U  C  D  M  T  K  C  V  Ọ  N  Y  T  U
H  G  B  Ứ  N  Ắ  Y  Y  O  K  Á  C  U  Â  C
Đ  A  N  B  C  C  C  S  Ă  N  B  Ắ  N  T  Q
```

KỸ NĂNG
NGHỆ THUẬT
ĐỒ THỦ CÔNG
HOẠT ĐỘNG
SĂN BẮN
CẮM TRẠI
MAY
NHIẾP ẢNH
LÀM VƯỜN
TRÒ CHƠI

ĐỌC
MA THUẬT
ĐAN
CÂU CÁ
HÀI LÒNG
BỨC TRANH
CÂU ĐỐ
THƯ GIÃN
GIẢI TRÍ

98 - Diplomazia

```
G X H Ợ P T Á C N V C D K O D
A I U Y P G Q Ứ G T I G L T V
C Y Ả N D B Q Đ O O V C N Y T
Ớ Ố M I G H L O Ạ À I N H V G
Ư N V Q P Đ M Ạ I N C O I M N
P Ậ U Ấ T H Ộ Đ G V D D P Đ Ồ
Ệ U T Y N I Á T I Ẹ Ứ S I Ạ Đ
I L R M Â V L P A N H Y C I G
H O Q M D P H A O Y K C H S N
K Ả I N G H Ị Q U Y Ế T Í Ứ Ộ
Ủ H P H N Í H C K R U A N Q C
M T P Y Ô N H Â N Đ Ạ O H U P
A C U K C N H A P R B K T Á D
D M L A N N I N H C H G R N T
S Ự C Ô N G B Ằ N G M G Ị K A
```

ĐẠI SỨ QUÁN	ĐẠO ĐỨC
ĐẠI SỨ	SỰ CÔNG BẰNG
CÔNG DÂN	CHÍNH PHỦ
CIVIC	TOÀN VẸN
CỘNG ĐỒNG	CHÍNH TRỊ
XUNG ĐỘT	NGHỊ QUYẾT
CỐ VẤN	AN NINH
HỢP TÁC	GIẢI PHÁP
NGOẠI GIAO	HIỆP ƯỚC
THẢO LUẬN	NHÂN ĐẠO

99 - Forniture Artistiche

```
A I Y O K G I L L Q I H R O B
D O N B D B À N A U N T G C À
Y I C M M O Q Q Q R D T U M N
C O N O M V D G O T U Y D V C
O B V O M B D U D T M G M P H
K O R Ạ L H Q Ý V M I D I R Ả
Ì H C T Ú B T T É S T Ấ Đ Ấ I
D V U G L M N Ư D K I M M P Y
M À U N Ư Ớ C Ở S L E T S A P
M G H Á A R I N I A D O U Y T
À P N S E D L G I T G B A T Ẩ
U R Ả T A U Y C R N M H M H Y
S I Y V S O R G P R Q D Ế A U
Ắ P Á U E T C Ớ Ư N G Ầ N N P
C Ự M V L U A A U P P U K M C
```

NƯỚC	TẨY
MÀU NƯỚC	Ý TƯỞNG
ACRYLIC	MỰC
ĐẤT SÉT	BÚT CHÌ
THAN	DẦU
GIẤY	PASTELS
EASEL	GHẾ
KEO	BÀN CHẢI
MÀU SẮC	BÀN
SÁNG TẠO	MÁY ẢNH

100 - Misurazioni

```
Q  C  P  A  B  P  B  V  I  C  U  G  B  O  O
D  Q  E  I  À  D  U  Ề  I  H  C  R  D  V  G
D  L  T  N  G  O  P  B  K  I  Q  A  D  I  N
Q  O  Y  A  T  É  M  T  M  Ề  N  M  Y  N  Ợ
P  U  B  C  Ú  I  T  Ấ  O  U  I  N  C  H  Ư
R  N  Q  Y  H  C  M  N  P  R  Â  B  A  T  L
T  C  L  R  P  Â  K  E  R  Ộ  A  S  B  Y  I
H  E  Ộ  Đ  H  N  Ì  R  T  N  H  O  Ộ  I  Ố
Ậ  C  M  G  M  N  P  Y  É  G  R  B  A  Đ  H
P  O  R  A  P  Ặ  N  K  M  A  G  Ô  L  I  K
P  A  L  G  D  N  B  M  Ô  R  H  V  P  U  G
H  H  T  O  R  G  T  P  L  D  V  Y  P  D  U
Â  Â  M  L  Ư  Ợ  N  G  I  Í  O  K  N  P  D
N  D  P  U  M  Y  Q  O  K  B  T  C  R  O  P
C  C  H  I  Ề  U  C  A  O  L  K  C  L  R  U
```

CHIỀU CAO	CHIỀU DÀI
BYTE	KHỐI LƯỢNG
CENTIMET	MÉT
KILÔGAM	PHÚT
KILÔMÉT	OUNCE
THẬP PHÂN	CÂN NẶNG
TRÌNH ĐỘ	INCH
GRAM	ĐỘ SÂU
CHIỀU RỘNG	TẤN
LÍT	ÂM LƯỢNG

1 - Scacchi

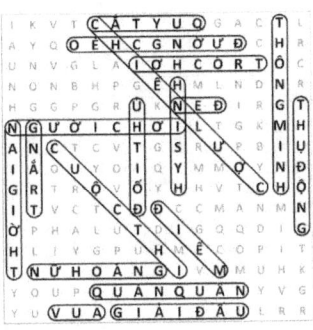

2 - Salute e Benessere #2

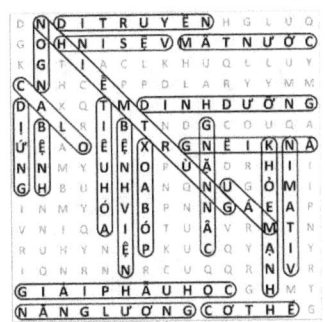

3 - Aggettivi #2

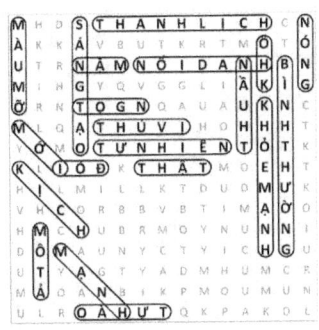

4 - Pesca

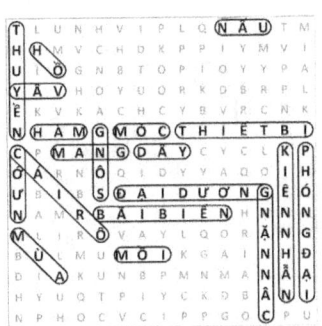

5 - Ingegneria

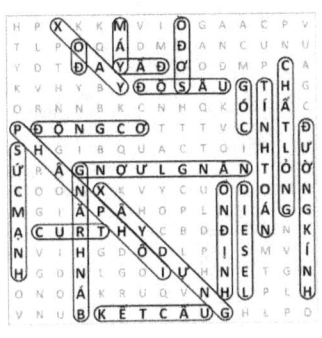

6 - Archeologia

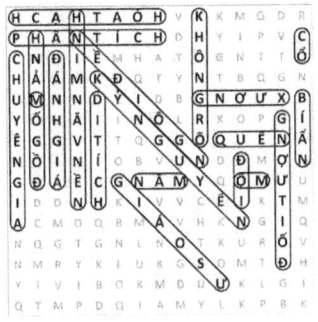

7 - Salute e Benessere #1

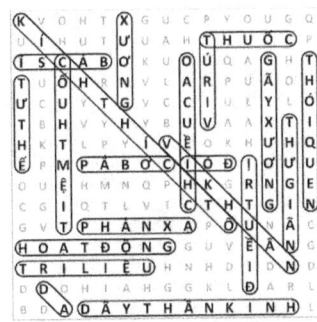

8 - Aggettivi #1

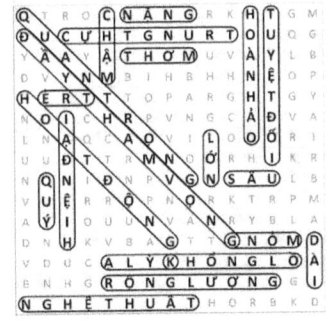

9 - Geologia

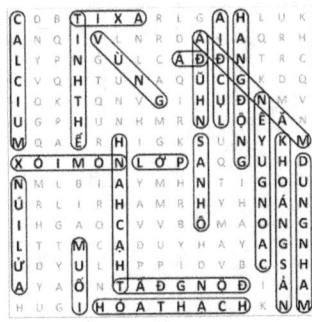

10 - Campeggio

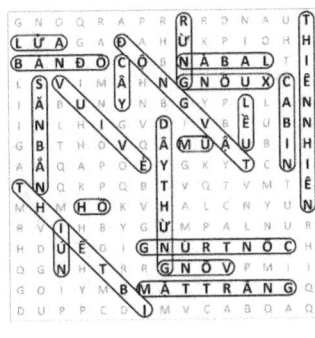

11 - Arti Visive

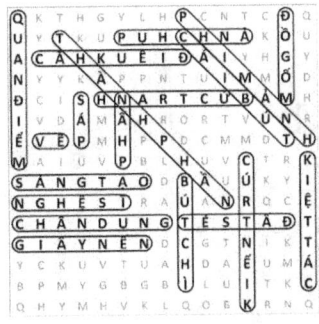

12 - Tempo

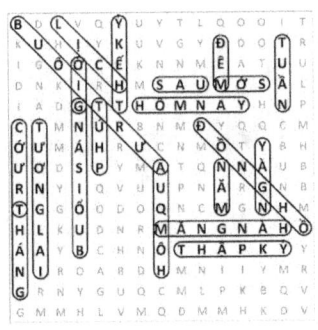

13 - Astronomia

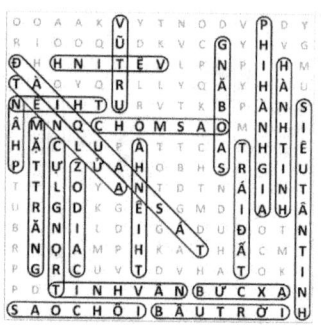

14 - Algebra

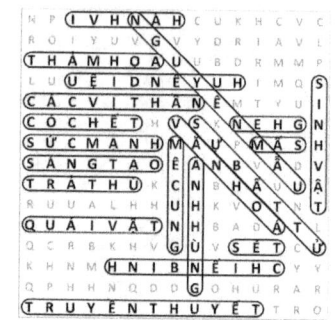

15 - Mitologia

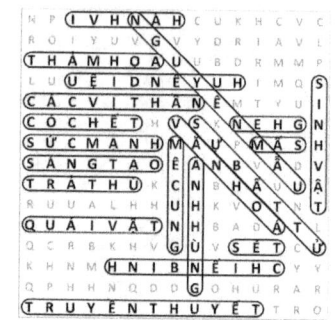

16 - Piante

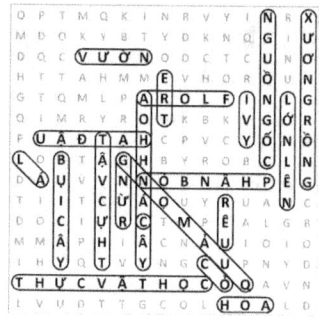

17 - Spezie

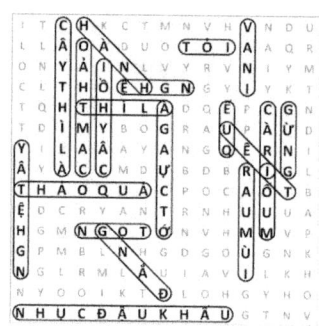

18 - Numeri

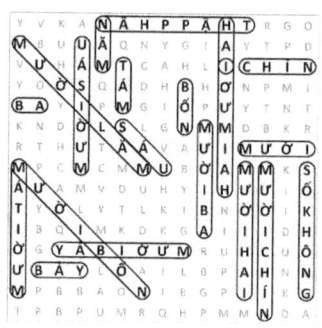

19 - Cioccolato

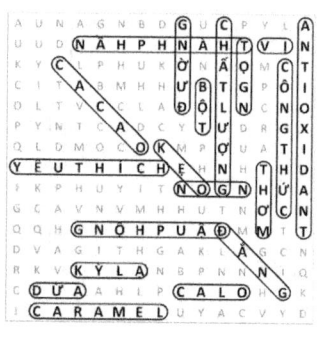

20 - Guida

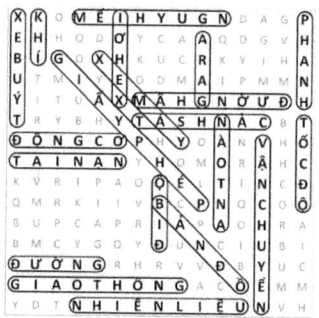

21 - I Media

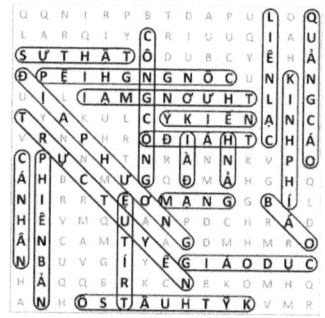

22 - Forza e Gravità

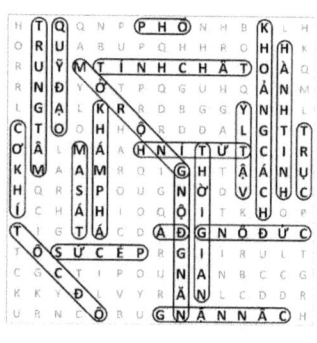

23 - Caffè

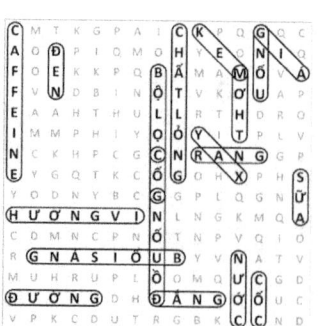

24 - Uccelli

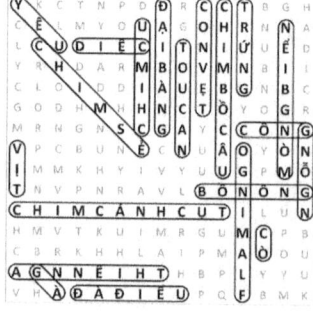

25 - Giorni e Mesi

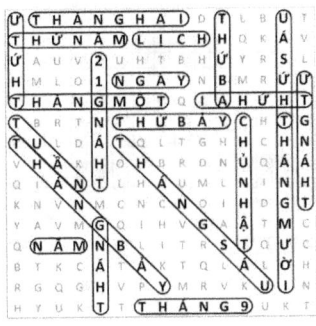

26 - Casa

27 - Fantascienza

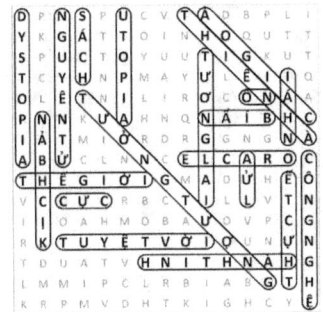

28 - Fattoria #1

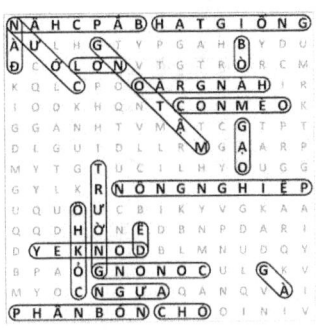

29 - Psicologia

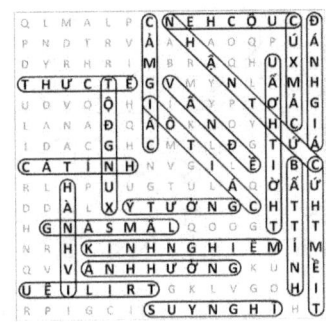

30 - Paesaggi

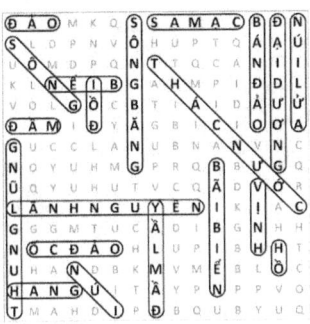

31 - Energia

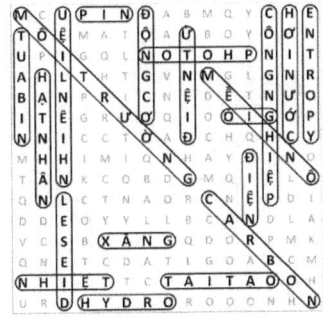

32 - Ristorante #2

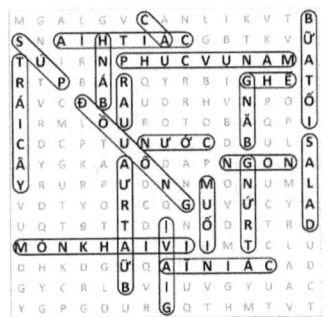

33 - Moda

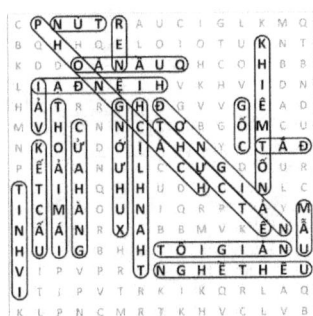

34 - L'Azienda

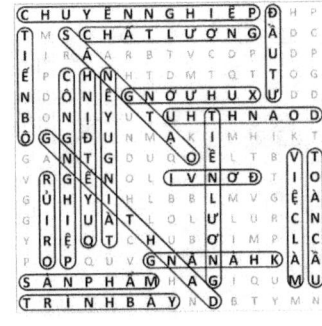

35 - Giardino

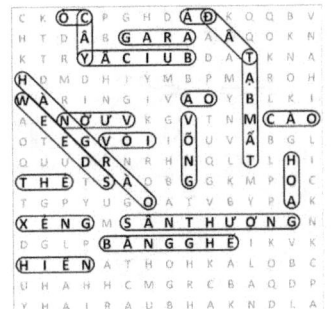

36 - Riscaldamento Gl

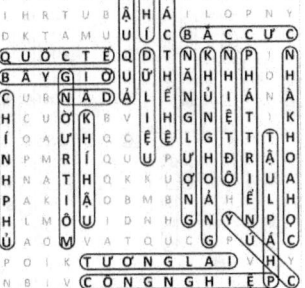

37 - Frutta

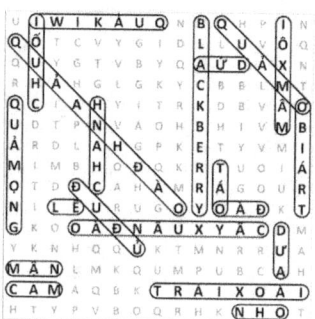

38 - Fattoria #2

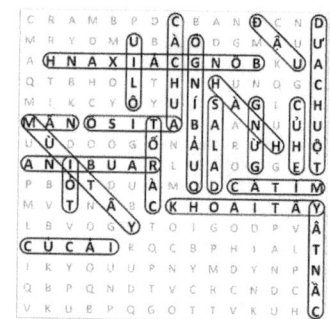

39 - Verdure

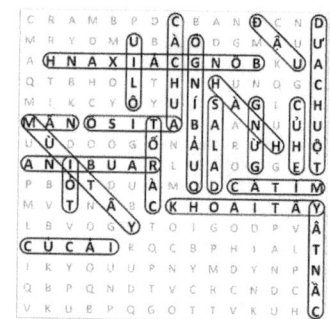

40 - Musica

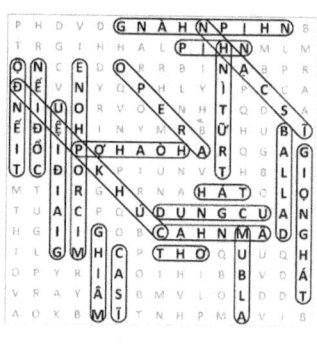

41 - Barbecue

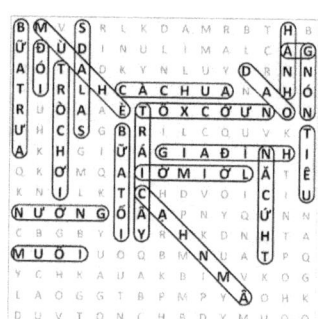

42 - Insetti

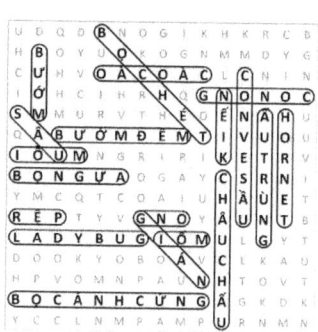

43 - Fisica

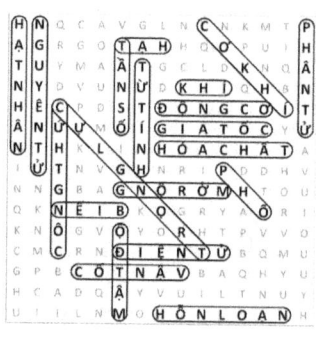

44 - Agronomia

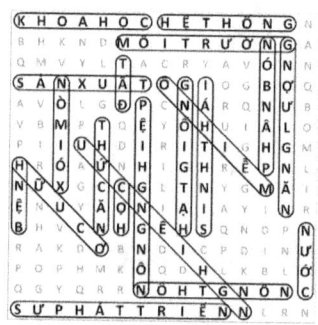

45 - Erboristeria

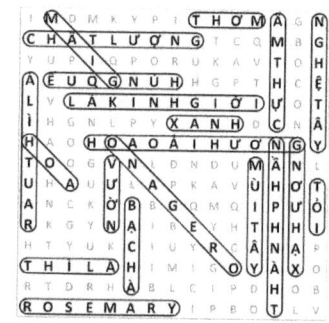

46 - Danza

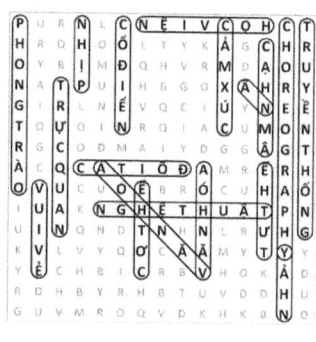

47 - Biologia

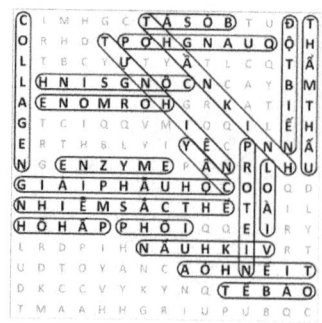

48 - Attività Commerciale

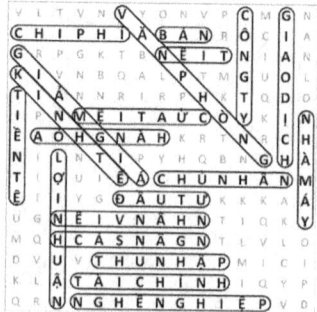

49 - Fiori

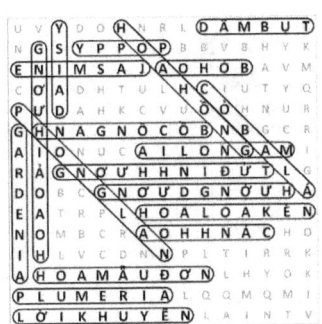

50 - Filantropia

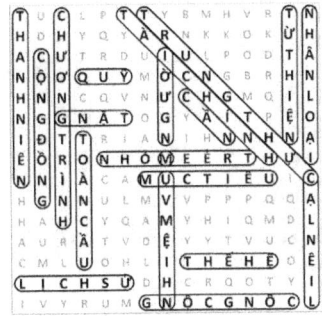

51 - Ecologia

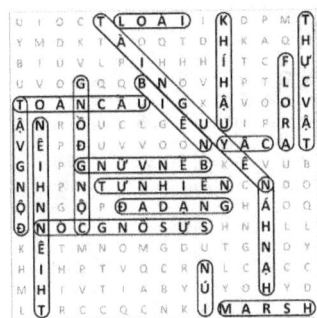

52 - Discipline Scientifiche

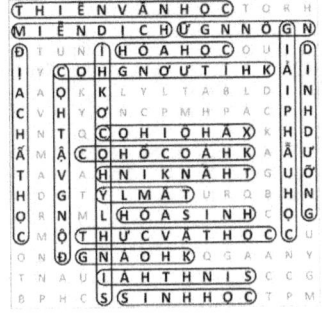

53 - Scienza

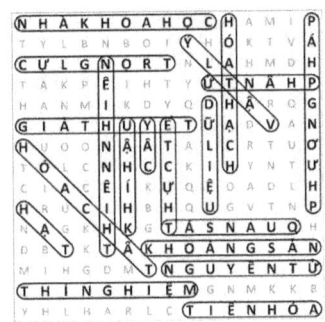

54 - Acqua

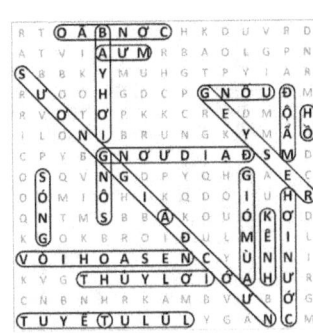

55 - Boxe

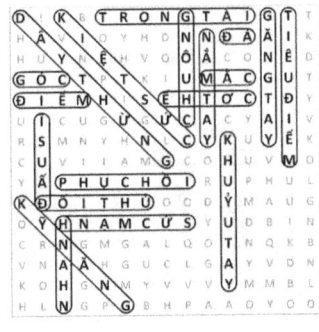

56 - Imbarcazioni

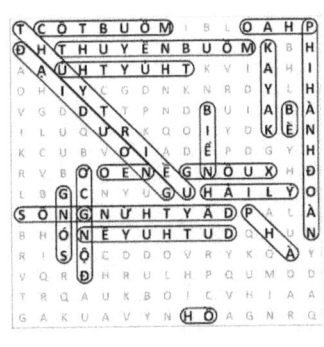

57 - Chimica

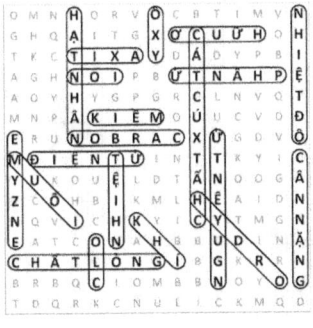

58 - Api

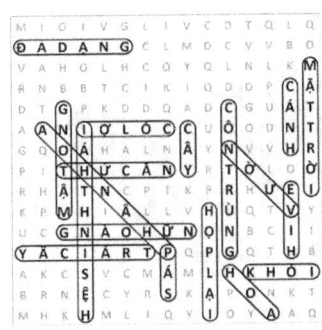

59 - Strumenti Musicali

60 - Professioni #2

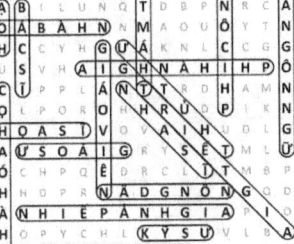

61 - Letteratura

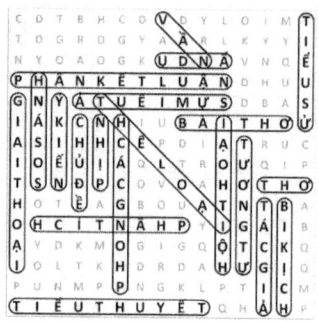

62 - Cibo #2

63 - Nutrizione

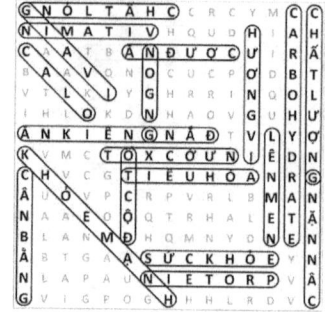

64 - Matematica

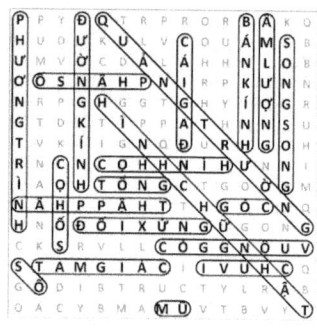

65 - Meditazione

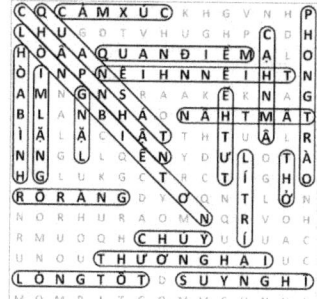

66 - Elettricità

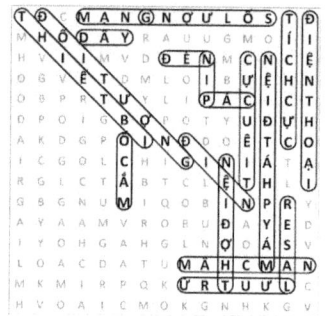

67 - Antiquariato

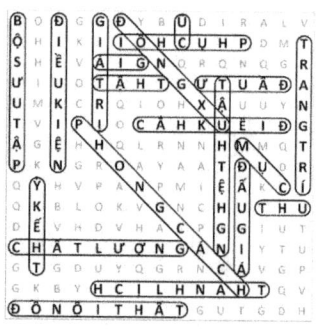

68 - Escursionismo

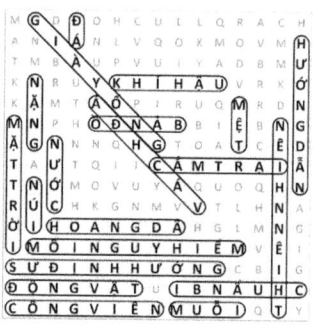

69 - Professioni #1

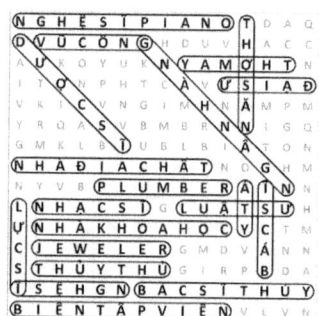

70 - Antartide

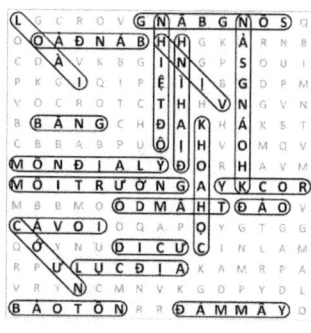

71 - Libri

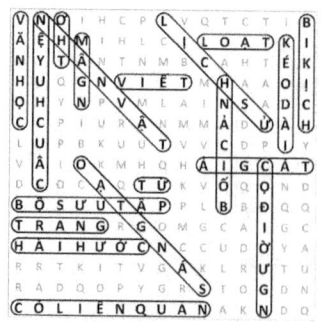

72 - Geografia

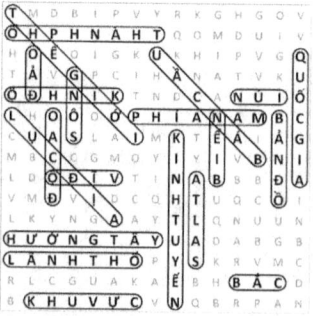

73 - Cibo #1

74 - Aeroplani

75 - Governo

76 - Bellezza

77 - Forme

78 - Oceano

79 - Creatività

80 - Veicoli

81 - Emozioni

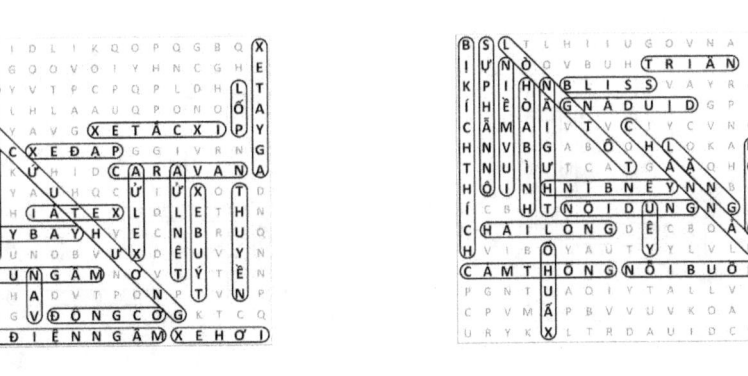

82 - Natura

83 - Paesi #1

84 - Geometria

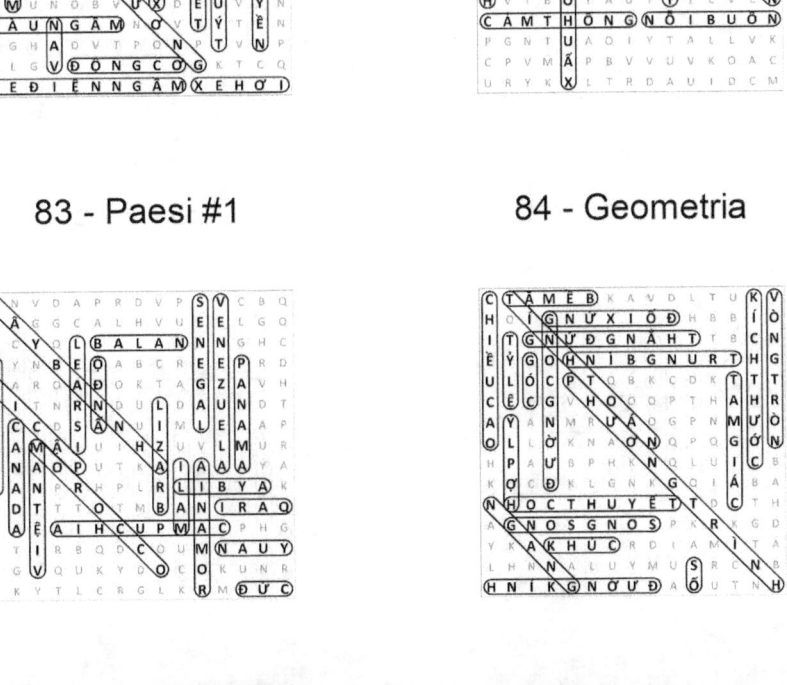

85 - Edifici

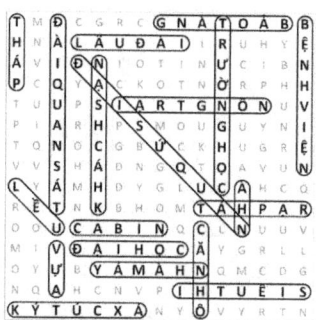

86 - Malattia

87 - Paesi #2

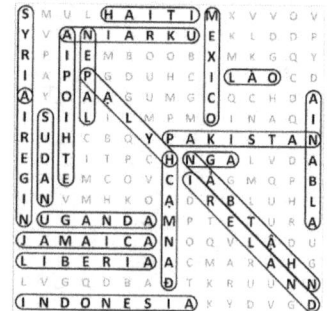

88 - Tipi di Capelli

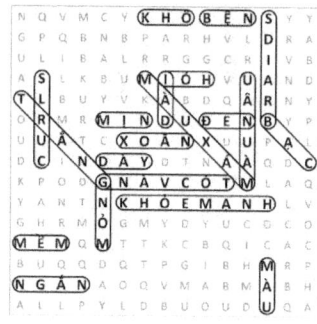

89 - Vestiti

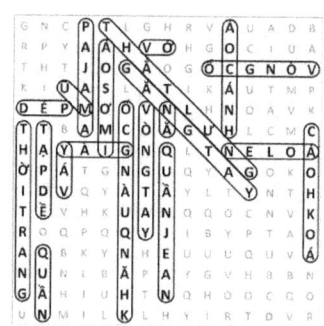

90 - Attività e Tempo Libero

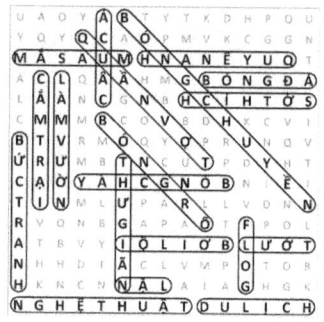

91 - Tecnologia

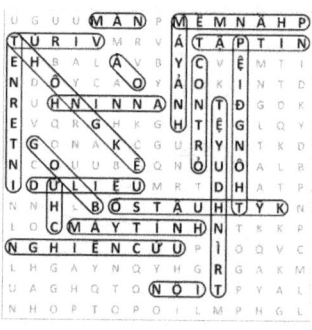

92 - Meteo

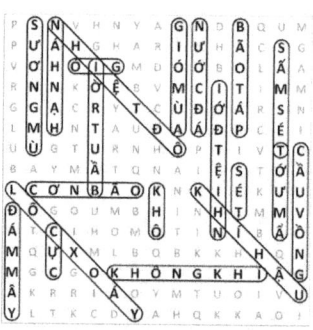

93 - Corpo Umano

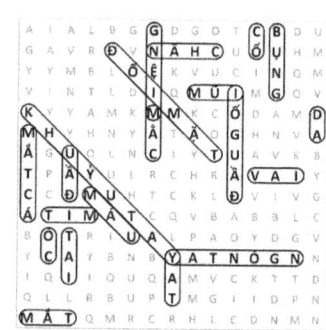

94 - Mammiferi

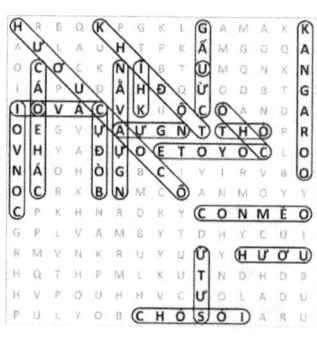

95 - Jazz

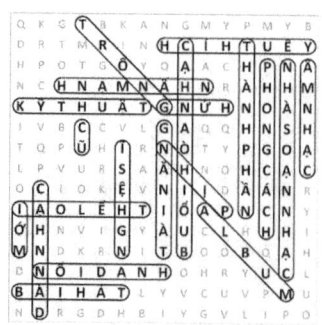

96 - Vacanze #2

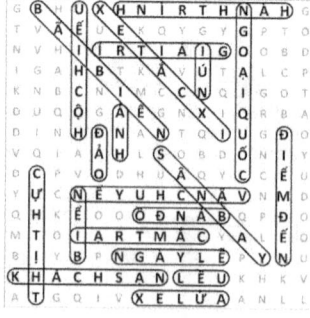

97 - Attività

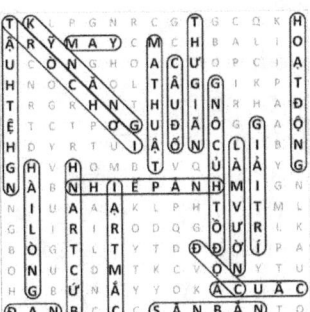

98 - Diplomazia

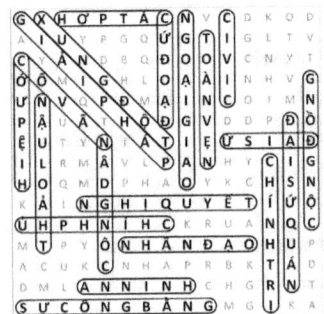

99 - Forniture Artistiche

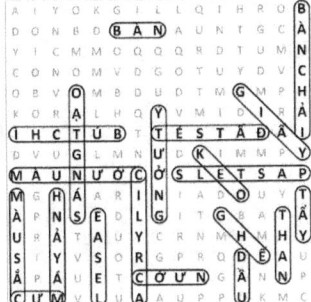

100 - Misurazioni

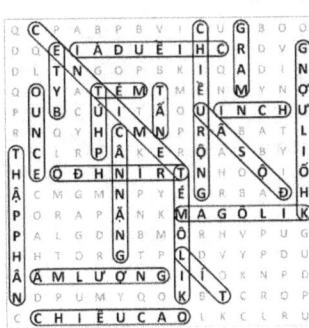

Dizionario

Acqua
Nước

Alluvione	Lũ Lụt
Canale	Kênh
Doccia	Vòi hoa Sen
Evaporazione	Bay Hơi
Fiume	Sông
Gelo	Sương Giá
Geyser	Geyser
Ghiaccio	Nước Đá
Irrigazione	Thủy Lợi
Lago	Hồ
Monsone	Gió Mùa
Neve	Tuyết
Oceano	Đại Dương
Onde	Sóng
Pioggia	Mưa
Potabile	Uống
Umidità	Độ Ẩm
Uragano	Cơn Bão
Vapore	Hơi Nước

Aeroplani
Máy Bay

Altezza	Chiều Cao
Altitudine	Độ Cao
Aria	Không Khí
Atterraggio	Đổ Bộ
Carburante	Nhiên Liệu
Cielo	Bầu Trời
Costruzione	Xây Dựng
Design	Thiết Kế
Direzione	Hướng
Discesa	Hạ Xuống
Eliche	Cánh Quạt
Equipaggio	Phi Hành Đoàn
Idrogeno	Hydro
Lanciare	Phóng
Motore	Động Cơ
Palloncino	Bóng
Passeggero	Hành Khách
Pilota	Phi Công
Storia	Lịch Sử
Turbolenza	Nhiễu Loạn

Aggettivi #1
Tính từ số 1

Ambizioso	Đầy Tham Vọng
Aromatico	Thơm
Artistico	Nghệ Thuật
Assoluto	Tuyệt Đối
Attivo	Hoạt Động
Enorme	Khổng Lồ
Esotico	Kỳ Lạ
Generoso	Rộng Lượng
Giovane	Trẻ
Grande	Lớn
Importante	Quan Trọng
Lento	Chậm
Lungo	Dài
Moderno	Hiện Đại
Onesto	Trung Thực
Perfetto	Hoàn Hảo
Pesante	Nặng
Prezioso	Quý
Profondo	Sâu
Sottile	Mỏng

Aggettivi #2
Tính từ số 2

Affamato	Đói
Asciutto	Khô
Autentico	Thật
Caldo	Nóng
Creativo	Sáng Tạo
Descrittivo	Mô Tả
Dolce	Ngọt
Drammatico	Kịch
Elegante	Thanh Lịch
Famoso	Nổi Danh
Forte	Mạnh
Interessante	Thú Vị
Naturale	Tự Nhiên
Normale	Bình Thường
Nuovo	Mới
Orgoglioso	Tự Hào
Produttivo	Màu Mỡ
Puro	Thuần
Salato	Mặn
Sano	Khỏe Mạnh

Agronomia
Nông Học

Acqua	Nước
Agricoltura	Nông Nghiệp
Ambiente	Môi Trường
Cibo	Thức Ăn
Crescita	Sự Phát Triển
Ecologia	Sinh Thái
Energia	Năng Lượng
Erosione	Xói Mòn
Fertilizzante	Phân Bón
Inquinamento	Ô Nhiễm
Malattie	Bệnh
Organico	Hữu Cơ
Produzione	Sản Xuất
Ricerca	Nghiên Cứu
Rurale	Nông Thôn
Scienza	Khoa Học
Semi	Hạt Giống
Sistemi	Hệ Thống
Studio	Học
Suolo	Đất

Algebra
Đại số Học

Diagramma	Sơ Đồ
Equazione	Phương Trình
Esponente	Mũ
Falso	Sai
Fattore	Tố
Formula	Công Thức
Frazione	Phân Số
Infinito	Vô Hạn
Lineare	Tuyến Tính
Matrice	Ma Trận
Numero	Số
Parentesi	Ngoặc
Problema	Vấn Đề
Quantità	Số Lượng
Semplificare	Đơn Giản Hóa
Soluzione	Giải Pháp
Somma	Tổng
Sottrazione	Phép Trừ
Variabile	Biến
Zero	Số Không

Antartide
Nam Cực

Acqua	Nước
Ambiente	Môi Trường
Baia	Vịnh
Balene	Cá Voi
Conservazione	Bảo Tồn
Continente	Lục Địa
Esplorazione	Thăm Dò
Geografia	Môn địa Lý
Ghiacciai	Sông Băng
Ghiaccio	Băng
Isole	Đảo
Migrazione	Di Cư
Minerali	Khoáng Sản
Nuvole	Đám Mây
Penisola	Bán Đảo
Roccioso	Rocky
Scientifico	Khoa Học
Specie	Loài
Temperatura	Nhiệt Độ
Topografia	Địa Hình

Antiquariato
Đồ Cổ

Arte	Nghệ Thuật
Articolo	Mục
Asta	Đấu Giá
Autentico	Thật
Collezionista	Thu
Condizione	Điều Kiện
Decorativo	Trang Trí
Elegante	Thanh Lịch
Galleria	Bộ sưu Tập
Investimento	Đầu Tư
Mobilio	Đồ nội Thất
Monete	Đồng Xu
Prezzo	Giá
Qualità	Chất Lượng
Restauro	Phục Hồi
Scultura	Điêu Khắc
Secolo	Thế Kỷ
Stile	Phong Cách
Valore	Giá Trị
Vecchio	Cũ

Api
Những con Ong

Ali	Cánh
Alveare	Hive
Benefico	Có Lợi
Cera	Sáp
Cibo	Thức Ăn
Diversità	Đa Dạng
Ecosistema	Hệ Sinh Thái
Fiori	Hoa
Frutta	Trái Cây
Fumo	Khói
Giardino	Vườn
Insetto	Côn Trùng
Miele	Mật Ong
Piante	Cây
Polline	Phấn Hoa
Regina	Nữ Hoàng
Sciame	Họp Lại
Sole	Mặt Trời

Archeologia
Khảo cổ Học

Analisi	Phân Tích
Anni	Năm
Antico	Cổ
Ceramica	Đồ Gốm
Civiltà	Nền văn Minh
Dimenticato	Quên
Era	Kỷ Nguyên
Esperto	Chuyên Gia
Fossile	Hóa Thạch
Frammenti	Mảnh
Mistero	Bí Ẩn
Oggetti	Đối Tượng
Ossa	Xương
Professore	Giáo Sư
Reliquia	Di Tích
Sconosciuto	Không Rõ
Squadra	Đội
Tempio	Ngôi Đền
Tomba	Mộ
Valutazione	Đánh Giá

Arti Visive
Nghệ Thuật thị Giác

Architettura	Kiến Trúc
Argilla	Đất Sét
Artista	Nghệ Sĩ
Capolavoro	Kiệt Tác
Cavalletto	Vẽ
Cera	Sáp
Ceramica	Đồ Gốm
Composizione	Thành Phần
Creatività	Sáng Tạo
Film	Phim Ảnh
Fotografia	Ảnh Chụp
Gesso	Phấn
Matita	Bút Chì
Penna	Cái Bút
Pittura	Bức Tranh
Prospettiva	Quan Điểm
Ritratto	Chân Dung
Scultura	Điêu Khắc
Stampino	Giấy Nến

Astronomia
Thiên văn Học

Astronauta	Phi Hành Gia
Celeste	Thiên
Cielo	Bầu Trời
Cometa	Sao Chổi
Cosmo	Vũ Trụ
Costellazione	Chòm Sao
Equinozio	Phân
Galassia	Thiên Hà
Gravità	Trọng Lực
Luna	Mặt Trăng
Meteora	Sao Băng
Nebulosa	Tinh Vân
Osservatorio	Đài Quan Sát
Pianeta	Hành Tinh
Radiazione	Bức Xạ
Razzo	Tên Lửa
Satellite	Vệ Tinh
Supernova	Siêu tân Tinh
Terra	Trái Đất
Zodiaco	Zodiac

Attività
Các Hoạt Động

Abilità	Kỹ Năng
Arte	Nghệ Thuật
Artigianato	Đồ thủ Công
Attività	Hoạt Động
Caccia	Săn Bắn
Campeggio	Cắm Trại
Cucire	May
Fotografia	Nhiếp Ảnh
Giardinaggio	Làm Vườn
Giochi	Trò Chơi
Lettura	Đọc
Magia	Ma Thuật
Maglieria	Đan
Pesca	Câu Cá
Piacere	Hài Lòng
Pittura	Bức Tranh
Puzzle	Câu Đố
Rilassamento	Thư Giãn
Tempo Libero	Giải Trí

Attività Commerciale
Doanh Nghiệp

Bilancio	Ngân Sách
Carriera	Nghề Nghiệp
Costo	Chi Phí
Datore di Lavoro	Chủ Nhân
Dipendente	Nhân Viên
Economia	Kinh Tế
Fabbrica	Nhà Máy
Finanza	Tài Chính
Investimento	Đầu Tư
Merce	Hàng Hóa
Negozio	Cửa Tiệm
Profitto	Lợi Nhuận
Reddito	Thu Nhập
Sconto	Giảm Giá
Società	Công Ty
Soldi	Tiền
Transazione	Giao Dịch
Ufficio	Văn Phòng
Valuta	Tiền Tệ
Vendita	Bán

Attività e Tempo Libero
Và các Hoạt Động Giải Trí

Arte	Nghệ Thuật
Baseball	Bóng Chày
Basket	Bóng Rổ
Boxe	Quyền Anh
Calcio	Bóng Đá
Campeggio	Cắm Trại
Giardinaggio	Làm Vườn
Golf	Golf
Hobby	Sở Thích
Immersione	Lặn
Nuoto	Bơi Lội
Pallavolo	Bóng Chuyền
Pesca	Câu Cá
Pittura	Bức Tranh
Rilassante	Thư Giãn
Shopping	Mua Sắm
Surf	Lướt
Tennis	Quần Vợt
Viaggio	Du Lịch

Barbecue
Ăn Thịt Nướng

Caldo	Nóng
Cena	Bữa Tối
Cibo	Thức Ăn
Cipolle	Hành
Coltelli	Dao
Estate	Mùa Hè
Fame	Đói
Famiglia	Gia Đình
Frutta	Trái Cây
Giochi	Trò Chơi
Griglia	Nướng
Insalate	Salads
Invito	Lời Mời
Musica	Âm Nhạc
Pepe	Tiêu
Pollo	Gà
Pomodori	Cà Chua
Pranzo	Bữa Trưa
Sale	Muối
Salsa	Nước Xốt

Bellezza
Sắc Đẹp

Colore	Màu
Cosmetici	Mỹ Phẩm
Elegante	Thanh Lịch
Eleganza	Sang Trọng
Fascino	Quyến Rũ
Forbici	Kéo
Fotogenico	Ăn Ảnh
Fragranza	Hương Thơm
Grazia	Ân
Liscio	Mịn
Mascara	Mascara
Oli	Dầu
Pelle	Da
Riccioli	Curls
Rossetto	Son Môi
Servizi	Dịch Vụ
Shampoo	Dầu Gội
Specchio	Gương
Stilista	Stylist
Trucco	Trang Điểm

Biologia
Sinh Học

Anatomia	Giải Phẫu Học
Batteri	Vi Khuẩn
Cellula	Tế Bào
Collagene	Collagen
Cromosoma	Nhiễm sắc Thể
Embrione	Phôi
Enzima	Enzyme
Evoluzione	Tiến Hóa
Fotosintesi	Quang Hợp
Mutazione	Đột Biến
Naturale	Tự Nhiên
Nervo	Thần Kinh
Ormone	Hormone
Osmosi	Thẩm Thấu
Piante	Cây
Proteina	Protein
Respirazione	Hô Hấp
Rettile	Bò Sát
Simbiosi	Cộng Sinh
Specie	Loài

Boxe
Quyền Anh

Abilità	Kỹ Năng
Angolo	Góc
Arbitro	Trọng Tài
Avversario	Đối Thủ
Calcio	Đá
Campana	Chuông
Combattente	Đấu Sĩ
Corde	Dây Thừng
Corpo	Cơ Thể
Esaurito	Kiệt Sức
Forza	Sức Mạnh
Fuoco	Tiêu Điểm
Gomito	Khuỷu Tay
Guanti	Găng Tay
Mento	Cằm
Pugno	Nắm Tay
Punti	Điểm
Rapido	Nhanh
Recupero	Phục Hồi

Caffè
Cà Phê

Acqua	Nước
Amaro	Đắng
Aroma	Thơm
Arrostito	Rang
Bere	Uống
Bevanda	Đồ Uống
Caffeina	Caffeine
Crema	Kem
Filtro	Bộ Lọc
Gusto	Hương Vị
Latte	Sữa
Liquido	Chất Lỏng
Macinare	Xay
Mattina	Buổi Sáng
Nero	Đen
Origine	Gốc
Prezzo	Giá
Tazza	Cốc
Zucchero	Đường

Campeggio
Cắm Trại

Alberi	Cây
Amaca	Võng
Animali	Động Vật
Attrezzatura	Thiết Bị
Bussola	La Bàn
Cabina	Cabin
Caccia	Săn Bắn
Canoa	Xuồng
Cappello	Mũ
Corda	Dây Thừng
Divertimento	Vui Vẻ
Foresta	Rừng
Fuoco	Lửa
Insetto	Côn Trùng
Lago	Hồ
Luna	Mặt Trăng
Mappa	Bản Đồ
Montagna	Núi
Natura	Thiên Nhiên
Tenda	Lều

Casa
Nhà Ở

Attico	Gác Xép
Biblioteca	Thư Viện
Camera	Phòng
Camino	Lò Sưởi
Cucina	Nhà Bếp
Doccia	Vòi hoa Sen
Finestra	Cửa Sổ
Garage	Ga-Ra
Giardino	Vườn
Lampada	Đèn
Parete	Tường
Pavimento	Sàn Nhà
Porta	Cửa
Recinto	Hàng Rào
Rubinetto	Vòi
Scopa	Chổi
Soffitto	Trần
Specchio	Gương
Tappeto	Thảm
Tetto	Mái Nhà

Chimica
Hóa Học

Acido	Axit
Alcalino	Kiềm
Atomico	Nguyên Tử
Calore	Nhiệt
Carbonio	Carbon
Catalizzatore	Chất xúc Tác
Cloro	Clo
Elettrone	Điện Tử
Enzima	Enzyme
Gas	Khí
Idrogeno	Hydro
Ione	Ion
Liquido	Chất Lỏng
Molecola	Phân Tử
Nucleare	Hạt Nhân
Organico	Hữu Cơ
Ossigeno	Ôxy
Peso	Cân Nặng
Sale	Muối
Temperatura	Nhiệt Độ

Cibo #1
Thực Phẩm #1

Aglio	Tỏi
Basilico	Húng Quế
Cannella	Quế
Carne	Thịt
Carota	Cà Rốt
Cipolla	Hành
Fragola	Dâu Tây
Insalata	Salad
Latte	Sữa
Limone	Chanh
Menta	Bạc Hà
Orzo	Lúa Mạch
Pera	Lê
Rapa	Củ Cải
Sale	Muối
Spinaci	Rau Bina
Succo	Nước Ép
Tonno	Cá Ngừ
Torta	Bánh
Zucchero	Đường

Cibo #2
Thực Phẩm #2

Banana	Chuối
Broccolo	Bông cải Xanh
Ciliegia	Quả anh Đào
Cioccolato	Sô cô La
Formaggio	Phô Mai
Fungo	Nấm
Grano	Lúa Mì
Kiwi	Quả Kiwi
Mela	Táo
Melanzana	Cà Tím
Pane	Bánh Mì
Pesce	Cá
Pollo	Gà
Pomodoro	Cà Chua
Prosciutto	Giăm Bông
Riso	Gạo
Sedano	Cần Tây
Uovo	Trứng
Uva	Nho
Yogurt	Sữa Chua

Cioccolato
Sô-Cô-La

Amaro	Đắng
Antiossidante	Antioxidant
Arachidi	Đậu Phộng
Aroma	Thơm
Cacao	Cacao
Calorie	Calo
Caramella	Kẹo
Caramello	Caramel
Delizioso	Ngon
Dolce	Ngọt
Esotico	Kỳ Lạ
Gusto	Vị
Ingrediente	Thành Phần
Noce di Cocco	Dừa
Polvere	Bột
Preferito	Yêu Thích
Qualità	Chất Lượng
Ricetta	Công Thức
Zucchero	Đường

Corpo Umano
Cơ thể con Người

Bocca	Miệng
Caviglia	Mắt Cá
Cervello	Óc
Collo	Cổ
Cuore	Tim
Dito	Ngón Tay
Faccia	Đối Mặt
Gamba	Chân
Ginocchio	Đầu Gối
Gomito	Khuỷu Tay
Mano	Tay
Mento	Cằm
Naso	Mũi
Occhio	Mắt
Orecchio	Tai
Pelle	Da
Sangue	Máu
Spalla	Vai
Stomaco	Bụng
Testa	Đầu

Creatività
Sự Sáng Tạo

Abilità	Kỹ Năng
Artistico	Nghệ Thuật
Autenticità	Tính xác Thực
Chiarezza	Rõ Ràng
Drammatico	Kịch
Emozioni	Cảm Xúc
Espressione	Biểu Hiện
Fluidità	Lỏng
Idee	Ý Tưởng
Immagine	Ảnh
Impressione	Ấn Tượng
Intensità	Cường Độ
Intuizione	Trực Giác
Inventivo	Sáng Tạo
Ispirazione	Cảm Hứng
Sensazione	Cảm Giác
Spontaneo	Tự Phát
Visioni	Tầm Nhìn
Vitalità	Sức Sống

Danza
Nhảy

Accademia	Học Viện
Arte	Nghệ Thuật
Classico	Cổ Điển
Compagno	Đối Tác
Coreografia	Choreography
Corpo	Cơ Thể
Cultura	Văn Hoá
Culturale	Văn Hóa
Emozione	Cảm Xúc
Gioioso	Vui Vẻ
Grazia	Ân
Movimento	Phong Trào
Musica	Âm Nhạc
Postura	Tư Thế
Ritmo	Nhịp
Salto	Nhảy
Tradizionale	Truyền Thống
Visivo	Trực Quan

Diplomazia
Ngoại Giao

Ambasciata	Đại sứ Quán
Ambasciatore	Đại Sứ
Cittadini	Công Dân
Civico	Civic
Comunità	Cộng Đồng
Conflitto	Xung Đột
Consigliere	Cố Vấn
Cooperazione	Hợp Tác
Diplomatico	Ngoại Giao
Discussione	Thảo Luận
Etica	Đạo Đức
Giustizia	Sự Công Bằng
Governo	Chính Phủ
Integrità	Toàn Vẹn
Politica	Chính Trị
Risoluzione	Nghị Quyết
Sicurezza	An Ninh
Soluzione	Giải Pháp
Trattato	Hiệp Ước
Umanitario	Nhân Đạo

Discipline Scientifiche
Các Ngành Khoa Học

Anatomia	Giải Phẫu Học
Archeologia	Khảo cổ Học
Astronomia	Thiên văn Học
Biochimica	Hóa Sinh
Biologia	Sinh Học
Botanica	Thực vật Học
Chimica	Hóa Học
Ecologia	Sinh Thái
Fisiologia	Sinh lý Học
Geologia	Địa Chất Học
Immunologia	Miễn Dịch
Linguistica	Ngôn Ngữ
Meccanica	Cơ Khí
Meteorologia	Khí Tượng Học
Mineralogia	Khoáng
Neurologia	Thần Kinh
Nutrizione	Dinh Dưỡng
Psicologia	Tâm Lý
Sociologia	Xã hội Học
Zoologia	Động vật Học

Ecologia
Sinh Thái Học

Clima	Khí Hậu
Comunità	Cộng Đồng
Diversità	Đa Dạng
Fauna	Động Vật
Flora	Flora
Globale	Toàn Cầu
Marino	Biển
Montagne	Núi
Natura	Thiên Nhiên
Naturale	Tự Nhiên
Palude	Marsh
Piante	Cây
Risorse	Tài Nguyên
Siccità	Hạn Hán
Sopravvivenza	Sự Sống Còn
Sostenibile	Bền Vững
Specie	Loài
Vegetazione	Thực Vật

Edifici
Các tòa Nhà

Ambasciata	Đại sứ Quán
Appartamento	Căn Hộ
Cabina	Cabin
Casa	Nhà
Castello	Lâu Đài
Fabbrica	Nhà Máy
Fattoria	Nông Trại
Fienile	Vựa
Hotel	Khách Sạn
Museo	Bảo Tàng
Ospedale	Bệnh Viện
Osservatorio	Đài Quan Sát
Ostello	Ký túc Xá
Scuola	Trường Học
Stadio	Sân vận Động
Supermercato	Siêu Thị
Teatro	Rạp Hát
Tenda	Lều
Torre	Tháp
Università	Đại Học

Elettricità
Điện

Attrezzatura	Thiết Bị
Batteria	Pin
Cavo	Cáp
Conservazione	Lưu Trữ
Elettricista	Thợ Điện
Elettrico	Điện
Fili	Dây
Generatore	Máy Phát Điện
Lampada	Đèn
Laser	Laser
Magnete	Nam Châm
Negativo	Tiêu Cực
Oggetti	Đối Tượng
Positivo	Tích Cực
Presa	Ổ Cắm
Quantità	Số Lượng
Rete	Mạng
Telefono	Điện Thoại

Emozioni
Những cảm Xúc

Amore	Yêu
Beatitudine	Bliss
Calma	Lặng
Contenuto	Nội Dung
Eccitato	Bị Kích Thích
Gentilezza	Lòng Tốt
Gioia	Niềm Vui
Grato	Tri Ân
Imbarazzato	Xấu Hổ
Noia	Chán Nản
Pace	Hòa Bình
Paura	Nỗi Sợ
Rabbia	Sự Phẫn Nộ
Rilassato	Thư Giãn
Simpatia	Cảm Thông
Soddisfatto	Hài Lòng
Tenerezza	Dịu Dàng
Tranquillità	Yên Bình
Tristezza	Nỗi Buồn

Energia
Năng Lượng

Ambiente	Môi Trường
Batteria	Pin
Benzina	Xăng
Calore	Nhiệt
Carbonio	Carbon
Carburante	Nhiên Liệu
Diesel	Diesel
Elettrico	Điện
Elettrone	Điện Tử
Entropia	Entropy
Fotone	Photon
Idrogeno	Hydro
Industria	Công Nghiệp
Inquinamento	Ô Nhiễm
Motore	Động Cơ
Nucleare	Hạt Nhân
Rinnovabile	Tái Tạo
Turbina	Tua-Bin
Vapore	Hơi Nước
Vento	Gió

Erboristeria
Chủ Nghĩa Thảo Dược

Aglio	Tỏi
Aneto	Rau thì Là
Aromatico	Thơm
Basilico	Húng Quế
Culinario	Ẩm Thực
Dragoncello	Giấm
Finocchio	Thì Là
Fiore	Hoa
Giardino	Vườn
Ingrediente	Thành Phần
Lavanda	Hoa oải Hương
Maggiorana	Lá Kinh Giới
Menta	Bạc Hà
Origano	Oregano
Prezzemolo	Mùi Tây
Qualità	Chất Lượng
Rosmarino	Rosemary
Timo	Xạ Hương
Verde	Xanh
Zafferano	Nghệ Tây

Escursionismo
Đi bộ Đường Dài

Acqua	Nước
Animali	Động Vật
Campeggio	Cắm Trại
Clima	Khí Hậu
Guide	Hướng Dẫn
Mappa	Bản Đồ
Montagna	Núi
Natura	Thiên Nhiên
Orientamento	Sự Định Hướng
Parchi	Công Viên
Pericoli	Mối Nguy Hiểm
Pesante	Nặng
Pietre	Đá
Preparazione	Chuẩn Bị
Scogliera	Vách Đá
Selvaggio	Hoang Dã
Sole	Mặt Trời
Stanco	Mệt
Stivali	Giày Ống
Zanzare	Muỗi

Fantascienza
Khoa học Viễn Tưởng

Atomico	Nguyên Tử
Cloni	Nhái
Distopia	Dystopia
Esplosione	Nổ
Estremo	Cực
Fantastico	Tuyệt Vời
Fuoco	Lửa
Futuristico	Tương Lai
Galassia	Thiên Hà
Illusione	Ảo Giác
Immaginario	Tưởng Tượng
Libri	Sách
Misterioso	Bí Ẩn
Mondo	Thế Giới
Oracolo	Oracle
Pianeta	Hành Tinh
Realistico	Thực Tế
Scenario	Kịch Bản
Tecnologia	Công Nghệ
Utopia	Utopia

Fattoria #1
Trang Trại số 1

Acqua	Nước
Agricoltura	Nông Nghiệp
Ape	Con Ong
Asino	Donkey
Campo	Trường
Cane	Chó
Capra	Dê
Cavallo	Ngựa
Fertilizzante	Phân Bón
Fieno	Cỏ Khô
Gatto	Con Mèo
Gregge	Đàn
Maiale	Lợn
Miele	Mật Ong
Mucca	Bò
Pollo	Gà
Recinto	Hàng Rào
Riso	Gạo
Semi	Hạt Giống
Vitello	Bắp Chân

Fattoria #2
Trang Trại số 2

Agricoltore	Nông Dân
Alveare	Tổ Ong
Anatra	Vịt
Animali	Động Vật
Cibo	Thức Ăn
Fienile	Vựa
Frutta	Trái Cây
Frutteto	Thẻ
Grano	Lúa Mì
Irrigazione	Thủy Lợi
Latte	Sữa
Mais	Ngô
Maturo	Chín
Mulino a Vento	Cối xay Gió
Oche	Ngỗng
Orzo	Lúa Mạch
Pecora	Cừu
Prato	Đồng Cỏ
Trattore	Máy Kéo
Verdura	Rau

Filantropia
Hoạt Động từ Thiện

Bambini	Trẻ Em
Bisogno	Cần
Carità	Từ Thiện
Comunità	Cộng Đồng
Contatti	Liên Lạc
Donare	Tặng
Finanza	Tài Chính
Fondi	Quỹ
Generosità	Thế Hệ
Gioventù	Thanh Niên
Globale	Toàn Cầu
Gruppi	Nhóm
Missione	Nhiệm Vụ
Obiettivi	Mục Tiêu
Onestà	Trung Thực
Persone	Người
Programmi	Chương Trình
Pubblico	Công Cộng
Storia	Lịch Sử
Umanità	Nhân Loại

Fiori
Những Bông Hoa

Dente di Leone	Bồ Công Anh
Gardenia	Gardenia
Gelsomino	Jasmine
Giglio	Hoa loa Kèn
Girasole	Hướng Dương
Ibisco	Dâm Bụt
Lavanda	Hoa oải Hương
Lilla	Tử Đinh Hương
Magnolia	Magnolia
Margherita	Daisy
Mazzo	Bó Hoa
Orchidea	Phong Lan
Papavero	Poppy
Peonia	Hoa mẫu Đơn
Petalo	Cánh Hoa
Plumeria	Plumeria
Rosa	Hoa Hồng
Trifoglio	Cỏ ba Lá
Tulipano	Lời Khuyên

Fisica
Vật Lý

Accelerazione	Gia Tốc
Atomo	Nguyên Tử
Caos	Hỗn Loạn
Chimico	Hóa Chất
Densità	Mật Độ
Elettrone	Điện Tử
Espansione	Mở Rộng
Formula	Công Thức
Frequenza	Tần Số
Gas	Khí
Gravità	Trọng Lực
Magnetismo	Từ Tính
Meccanica	Cơ Khí
Molecola	Phân Tử
Motore	Động Cơ
Nucleare	Hạt Nhân
Particella	Hạt
Universale	Phổ
Variabile	Biến
Velocità	Vận Tốc

Forme
Hình Dạng

Angolo	Góc
Arco	Cung
Bordi	Cạnh
Cerchio	Vòng Tròn
Cilindro	Hình Trụ
Cono	Nón
Curva	Đường Cong
Ellisse	Ellipse
Iperbole	Hyperbola
Lato	Bên
Linea	Hàng
Piramide	Kim tự Tháp
Poligono	Đa Giác
Prisma	Lăng
Quadrato	Quảng Trường
Rettangolo	Hình chữ Nhật
Rotondo	Vòng
Sfera	Cầu
Triangolo	Tam Giác

Forniture Artistiche
Đồ Dùng Nghệ Thuật

Acqua	Nước
Acquerelli	Màu Nước
Acrilico	Acrylic
Argilla	Đất Sét
Carbone	Than
Carta	Giấy
Cavalletto	Easel
Colla	Keo
Colori	Màu Sắc
Creatività	Sáng Tạo
Gomma	Tẩy
Idee	Ý Tưởng
Inchiostro	Mực
Matite	Bút Chì
Olio	Dầu
Pastelli	Pastels
Sedia	Ghế
Spazzole	Bàn Chải
Tavolo	Bàn
Telecamera	Máy Ảnh

Forza e Gravità
Lực Lượng và Trọng Lực

Asse	Trục
Attrito	Ma Sát
Centro	Trung Tâm
Dinamico	Năng Động
Distanza	Khoảng Cách
Espansione	Mở Rộng
Fisica	Vật Lý
Magnetismo	Từ Tính
Meccanica	Cơ Khí
Movimento	Cử Động
Orbita	Quỹ Đạo
Peso	Cân Nặng
Pianeti	Hành Tinh
Pressione	Sức Ép
Proprietà	Tính Chất
Scoperta	Khám Phá
Slancio	Đà
Tempo	Thời Gian
Universale	Phổ
Velocità	Tốc Độ

Frutta
Trái Cây

Albicocca	Quả Mơ
Ananas	Dứa
Arancia	Cam
Avocado	Trái Bơ
Bacca	Quả Mọng
Banana	Chuối
Ciliegia	Quả anh Đào
Kiwi	Quả Kiwi
Lampone	Mâm Xôi
Limone	Chanh
Mango	Trái Xoài
Mela	Táo
Melone	Dưa
Mora	Blackberry
Nettarina	Cây Xuân Đào
Papaia	Đu Đủ
Pera	Lê
Pesca	Đào
Prugna	Mận
Uva	Nho

Geografia
Môn địa Lý

Altitudine	Độ Cao
Atlante	Atlas
Città	Thành Phố
Continente	Lục Địa
Emisfero	Bán Cầu
Fiume	Sông
Isola	Đảo
Latitudine	Vĩ Độ
Longitudine	Kinh Độ
Mappa	Bản Đồ
Mare	Biển
Meridiano	Kinh Tuyến
Mondo	Thế Giới
Montagna	Núi
Nord	Bắc
Ovest	Hướng Tây
Paese	Quốc Gia
Regione	Khu Vực
Sud	Phía Nam
Territorio	Lãnh Thổ

Geologia
Địa Chất Học

Acido	Axit
Altopiano	Cao Nguyên
Calcio	Calcium
Caverna	Hang Động
Continente	Lục Địa
Corallo	San Hô
Cristalli	Tinh Thể
Erosione	Xói Mòn
Fossile	Hóa Thạch
Lava	Dung Nham
Minerali	Khoáng Sản
Pietra	Đá
Quarzo	Thạch Anh
Sale	Muối
Stalagmiti	Măng Đá
Stalattite	Nhũ Đá
Strato	Lớp
Terremoto	Động Đất
Vulcano	Núi Lửa
Zona	Vùng

Geometria
Hình Học

Altezza	Chiều Cao
Angolo	Góc
Calcolo	Tính Toán
Cerchio	Vòng Tròn
Curva	Đường Cong
Diametro	Đường Kính
Dimensione	Kích Thước
Equazione	Phương Trình
Logica	Hợp Lý
Mediano	Trung Bình
Numero	Số
Orizzontale	Ngang
Parallelo	Song Song
Proporzione	Tỷ Lệ
Segmento	Khúc
Simmetria	Đối Xứng
Superficie	Bề Mặt
Teoria	Học Thuyết
Triangolo	Tam Giác
Verticale	Thẳng Đứng

Giardino
Khu Vườn

Albero	Cây
Amaca	Võng
Cespuglio	Bụi Cây
Erba	Cỏ
Erbacce	Weeds
Fiore	Hoa
Frutteto	Thể
Garage	Ga-Ra
Giardino	Vườn
Pala	Xẻng
Panca	Băng Ghế
Portico	Hiên
Rastrello	Cào
Recinto	Hàng Rào
Rocce	Đá
Stagno	Ao
Suolo	Đất
Terrazza	Sân Thượng
Trampolino	Tấm Bạt
Tubo	Vòi

Giorni e Mesi
Ngày và Tháng

Agosto	Ngày
Anno	Năm
Aprile	Tháng Tư
Calendario	Lịch
Dicembre	Tháng 12
Domenica	Chủ Nhật
Febbraio	Tháng Hai
Gennaio	Tháng Một
Giovedì	Thứ Năm
Giugno	Tháng Sáu
Luglio	Tháng Bảy
Lunedì	Thứ Hai
Martedì	Thứ Ba
Mercoledì	Thứ Tư
Mese	Tháng
Ottobre	Tháng Mười
Sabato	Thứ Bảy
Settembre	Tháng 9
Settimana	Tuần
Venerdì	Thứ Sáu

Governo
Chính Quyền

Capo	Lãnh Đạo
Cittadinanza	Quốc Tịch
Civile	Dân Sự
Costituzione	Hiến Pháp
Democrazia	Dân Chủ
Discorso	Phát Biểu
Discussione	Thảo Luận
Giudiziario	Tư Pháp
Giustizia	Sự Công Bằng
Indipendenza	Độc Lập
Legale	Hợp Pháp
Legge	Luật
Libertà	Tự Do
Monumento	Monument
Nazione	Quốc Gia
Politica	Chính Trị
Quartiere	Quận
Simbolo	Biểu Tượng
Stato	Tiểu Bang
Uguaglianza	Bình Đẳng

Guida
Điều Khiển

Auto	Xe Hơi
Autobus	Xe Buýt
Carburante	Nhiên Liệu
Freni	Phanh
Garage	Ga-Ra
Gas	Khí
Incidente	Tai Nạn
Licenza	Giấy Phép
Mappa	Bản Đồ
Moto	Xe Máy
Motore	Động Cơ
Pedonale	Đi Bộ
Pericolo	Nguy Hiểm
Polizia	Cảnh Sát
Sicurezza	An Toàn
Strada	Đường
Traffico	Giao Thông
Trasporto	Vận Chuyển
Tunnel	Đường Hầm
Velocità	Tốc Độ

I Media
Các Phương Tiện Truyền T

Atteggiamenti	Thái Độ
Commerciale	Thương Mại
Comunicazione	Liên Lạc
Digitale	Kỹ Thuật Số
Edizione	Phiên Bản
Educazione	Giáo Dục
Fatti	Sự Thật
Finanziamento	Kinh Phí
Foto	Ảnh
Giornali	Báo
Individuale	Cá Nhân
Industria	Công Nghiệp
Intellettuale	Trí Tuệ
Locale	Địa Phương
Online	Trực Tuyến
Opinione	Ý Kiến
Pubblicità	Quảng Cáo
Pubblico	Công Cộng
Radio	Đài
Rete	Mạng

Imbarcazioni
Thuyền

Albero	Cột Buồm
Ancora	Neo
Barca a Vela	Thuyền Buồm
Boa	Phao
Canoa	Xuồng
Corda	Dây Thừng
Equipaggio	Phi Hành Đoàn
Fiume	Sông
Kayak	Kayak
Lago	Hồ
Mare	Biển
Marea	Thủy Triều
Marinaio	Thủy Thủ
Motore	Động Cơ
Nautico	Hải Lý
Oceano	Đại Dương
Onde	Sóng
Traghetto	Phà
Yacht	Du Thuyền
Zattera	Bè

Ingegneria
Kỹ Thuật

Angolo	Góc
Asse	Trục
Calcolo	Tính Toán
Costruzione	Xây Dựng
Diagramma	Sơ Đồ
Diametro	Đường Kính
Diesel	Diesel
Distribuzione	Phân Phối
Energia	Năng Lượng
Forza	Sức Mạnh
Ingranaggi	Bánh Răng
Liquido	Chất Lỏng
Macchina	Máy
Misurazione	Đo
Motore	Động Cơ
Profondità	Độ Sâu
Propulsione	Đẩy
Rotazione	Xoay
Stabilità	Ổn Định
Struttura	Kết Cấu

Insetti
Côn Trùng

Afide	Rệp
Ape	Con Ong
Calabrone	Hornet
Cavalletta	Châu Chấu
Cicala	Con ve Sầu
Coccinella	Ladybug
Coleottero	Bọ Cánh Cứng
Falena	Bướm Đêm
Farfalla	Bướm
Formica	Kiến
Larva	Ấu Trùng
Locusta	Cào Cào
Mantide	Bọ Ngựa
Pulce	Bọ Chét
Scarafaggio	Gián
Termite	Mối
Verme	Sâu
Vespa	Ong
Zanzara	Muỗi

Jazz
Nhạc Jazz

Album	Album
Artista	Nghệ Sĩ
Batteria	Trống
Canzone	Bài Hát
Compositore	Nhà Soạn Nhạc
Composizione	Thành Phần
Concerto	Buổi hòa Nhạc
Enfasi	Nhấn Mạnh
Famoso	Nổi Danh
Genere	Thể Loại
Improvvisazione	Hứng
Musica	Âm Nhạc
Nuovo	Mới
Orchestra	Dàn Nhạc
Preferiti	Yêu Thích
Ritmo	Nhịp
Stile	Phong Cách
Talento	Tài Năng
Tecnica	Kỹ Thuật
Vecchio	Cũ

L'Azienda
Các Công Ty

Creativo	Sáng Tạo
Decisione	Quyết Định
Globale	Toàn Cầu
Industria	Công Nghiệp
Investimento	Đầu Tư
Occupazione	Việc Làm
Possibilità	Khả Năng
Presentazione	Trình Bày
Prodotto	Sản Phẩm
Professionale	Chuyên Nghiệp
Progresso	Tiến Bộ
Qualità	Chất Lượng
Reddito	Doanh Thu
Reputazione	Danh Tiếng
Rischi	Rủi Ro
Risorse	Tài Nguyên
Salari	Tiền Lương
Tendenze	Xu Hướng
Unità	Đơn Vị

Letteratura
Văn Học

Analisi	Phân Tích
Analogia	Tương Tự
Aneddoto	Giai Thoại
Autore	Tác Giả
Biografia	Tiểu Sử
Conclusione	Phần kết Luận
Confronto	So Sánh
Descrizione	Sự Miêu Tả
Dialogo	Hội Thoại
Genere	Thể Loại
Metafora	Ẩn Dụ
Opinione	Ý Kiến
Poesia	Bài Thơ
Poetico	Thơ
Rima	Vần
Ritmo	Nhịp
Romanzo	Tiểu Thuyết
Stile	Phong Cách
Tema	Chủ Đề
Tragedia	Bi Kịch

Libri
Sách

Autore	Tác Giả
Carattere	Nhân Vật
Collezione	Bộ sưu Tập
Contesto	Bối Cảnh
Dualità	Kéo Dài
Immersione	Ngâm
Inventivo	Sáng Tạo
Letterario	Văn Học
Lettore	Người Đọc
Pagina	Trang
Parole	Từ
Poesia	Thơ
Rilevante	Có Liên Quan
Romanzo	Tiểu Thuyết
Scritto	Viết
Serie	Loạt
Storia	Câu Chuyện
Storico	Lịch Sử
Tragico	Bi Kịch
Umoristico	Hài Hước

Malattia
Bệnh

Addominale	Bụng
Allergie	Dị Ứng
Batterico	Vi Khuẩn
Contagioso	Lây Nhiễm
Corpo	Cơ Thể
Cronico	Mãn Tính
Cuore	Tim
Debole	Yếu
Ereditario	Di Truyền
Guarigione	Chữa Bệnh
Immunità	Miễn Dịch
Infiammazione	Viêm
Lombare	Thắt Lưng
Ossa	Xương
Patogeni	Mầm Bệnh
Polmonare	Phổi
Respiratorio	Hô Hấp
Salute	Sức Khỏe
Sindrome	Hội Chứng
Terapia	Trị Liệu

Mammiferi
Động vật có Vú

Balena	Cá Voi
Cane	Chó
Canguro	Kangaroo
Cavallo	Ngựa
Cervo	Hươu
Coniglio	Thỏ
Coyote	Coyote
Delfino	Cá Heo
Elefante	Con Voi
Gatto	Con Mèo
Giraffa	Hươu cao Cổ
Gorilla	Khỉ Đột
Leone	Sư Tử
Lupo	Chó Sói
Orso	Gấu
Pecora	Cừu
Scimmia	Khỉ
Toro	Bò Đực
Volpe	Cáo
Zebra	Ngựa Vằn

Matematica
Toán Học

Angoli	Góc
Aritmetica	Số Học
Decimale	Thập Phân
Diametro	Đường Kính
Equazione	Phương Trình
Esponente	Mũ
Frazione	Phân Số
Geometria	Hình Học
Numeri	Số
Parallelo	Song Song
Perimetro	Chu Vi
Perpendicolare	Vuông Góc
Poligono	Đa Giác
Quadrato	Quảng Trường
Raggio	Bán Kính
Rettangolo	Hình chữ Nhật
Simmetria	Đối Xứng
Somma	Tổng
Triangolo	Tam Giác
Volume	Âm Lượng

Meditazione
Thiền

Accettazione	Chấp Nhận
Attenzione	Chú Ý
Calma	Lặng
Chiarezza	Rõ Ràng
Compassione	Thương Hại
Emozioni	Cảm Xúc
Gentilezza	Lòng Tốt
Gratitudine	Lòng Biết Ơn
Mentale	Tâm Thần
Mente	Lí Trí
Movimento	Phong Trào
Musica	Âm Nhạc
Natura	Thiên Nhiên
Osservazione	Quan Sát
Pace	Hòa Bình
Pensieri	Suy Nghĩ
Postura	Tư Thế
Prospettiva	Quan Điểm
Respirazione	Thở
Silenzio	Im Lặng

Meteo
Thời Tiết

Arcobaleno	Cầu Vồng
Asciutto	Khô
Atmosfera	Không Khí
Cielo	Bầu Trời
Clima	Khí Hậu
Fulmine	Sét
Ghiaccio	Nước Đá
Monsone	Gió Mùa
Nebbia	Sương Mù
Nube	Đám Mây
Polare	Cực
Siccità	Hạn Hán
Temperatura	Nhiệt Độ
Tempesta	Bão Táp
Tornado	Lốc Xoáy
Tropicale	Nhiệt Đới
Tuono	Sấm Sét
Umido	Ẩm Ướt
Uragano	Cơn Bão
Vento	Gió

Misurazioni
Các Phép Đo

Altezza	Chiều Cao
Byte	Byte
Centimetro	Centimet
Chilogrammo	Kilôgam
Chilometro	Kilômét
Decimale	Thập Phân
Grado	Trình Độ
Grammo	Gram
Larghezza	Chiều Rộng
Litro	Lít
Lunghezza	Chiều Dài
Massa	Khối Lượng
Metro	Mét
Minuto	Phút
Oncia	Ounce
Peso	Cân Nặng
Pollice	Inch
Profondità	Độ Sâu
Tonnellata	Tấn
Volume	Âm Lượng

Mitologia
Thần Thoại

Archetipo	Nguyên Mẫu
Comportamento	Hành Vi
Creatura	Sinh Vật
Creazione	Sáng Tạo
Cultura	Văn Hoá
Disastro	Thảm Họa
Divinità	Các vị Thần
Eroe	Anh Hùng
Forza	Sức Mạnh
Fulmine	Sét
Gelosia	Ghen
Guerriero	Chiến Binh
Immortalità	Sự bất Tử
Labirinto	Mê Cung
Leggenda	Truyền Thuyết
Magico	Huyền Diệu
Mortale	Có Chết
Mostro	Quái Vật
Tuono	Sấm
Vendetta	Trả Thù

Moda
Thời Trang

Abbigliamento	Quần Áo
Boutique	Cửa Hàng
Caro	Đắt
Confortevole	Thoải Mái
Elegante	Thanh Lịch
Minimalista	Tối Giản
Modello	Mẫu
Moderno	Hiện Đại
Modesto	Khiêm Tốn
Originale	Gốc
Pizzo	Ren
Pratico	Thực Tế
Pulsanti	Nút
Ricamo	Nghề Thêu
Semplice	Đơn Giản
Sofisticato	Tinh Vi
Stile	Phong Cách
Tendenza	Xu Hướng
Tessuto	Vải
Trama	Kết Cấu

Musica
Âm Nhạc

Album	Album
Armonia	Hòa Hợp
Ballata	Ballad
Cantante	Ca Sĩ
Cantare	Hát
Classico	Cổ Điển
Coro	Điệp Khúc
Lirico	Trữ Tình
Melodia	Giai Điệu
Microfono	Microphone
Musicale	Âm Nhạc
Musicista	Nhạc Sĩ
Opera	Opera
Poetico	Thơ
Registrazione	Ghi Âm
Ritmico	Nhịp Nhàng
Ritmo	Nhịp
Strumento	Dụng Cụ
Tempo	Tiến Độ
Vocale	Giọng Hát

Natura
Thiên Nhiên

Animali	Động Vật
Api	Ong
Artico	Bắc Cực
Bellezza	Vẻ Đẹp
Deserto	Sa Mạc
Dinamico	Năng Động
Erosione	Xói Mòn
Fiume	Sông
Fogliame	Lá
Foresta	Rừng
Ghiacciaio	Sông Băng
Montagne	Núi
Nebbia	Sương Mù
Nuvole	Đám Mây
Santuario	Thánh
Selvaggio	Hoang Dã
Sereno	Serene
Tropicale	Nhiệt Đới
Vitale	Quan Trọng

Numeri
Con Số

Cinque	Năm
Decimale	Thập Phân
Diciannove	Mười Chín
Diciassette	Mười Bảy
Diciotto	Mười Tám
Dieci	Mười
Dodici	Mười Hai
Due	Hai
Nove	Chín
Otto	Tám
Quattordici	Mười Bốn
Quattro	Bốn
Quindici	Mười Lăm
Sedici	Mười Sáu
Sei	Sáu
Sette	Bảy
Tre	Ba
Tredici	Mười Ba
Venti	Hai Mươi
Zero	Số Không

Nutrizione
Dinh Dưỡng

Amaro	Đắng
Appetito	Ngon
Bilanciato	Cân Bằng
Calorie	Calo
Carboidrati	Carbohydrate
Commestibile	Ăn Được
Dieta	Ăn Kiêng
Digestione	Tiêu Hóa
Fermentazione	Lên Men
Gusto	Hương Vị
Liquidi	Chất Lỏng
Peso	Cân Nặng
Proteine	Protein
Qualità	Chất Lượng
Salsa	Nước Xốt
Salute	Sức Khỏe
Sano	Khỏe Mạnh
Spezie	Gia Vị
Tossina	Độc Tố
Vitamina	Vitamin

Oceano
Đại Dương

Anguilla	Lươn
Balena	Cá Voi
Barca	Thuyền
Corallo	San Hô
Delfino	Cá Heo
Gamberetto	Tôm
Granchio	Cua
Maree	Thủy Triều
Medusa	Sứa
Onde	Sóng
Ostrica	Hàu
Pesce	Cá
Polpo	Bạch Tuộc
Sale	Muối
Scogliera	Trả Lại
Spugna	Bọt Biển
Squalo	Cá Mập
Tartaruga	Rùa
Tempesta	Bão Táp
Tonno	Cá Ngừ

Paesaggi
Phong Cảnh

Cascata	Thác Nước
Collina	Đồi
Deserto	Sa Mạc
Fiume	Sông
Ghiacciaio	Sông Băng
Golfo	Vịnh
Grotta	Hang
Isola	Đảo
Lago	Hồ
Laguna	Đầm
Mare	Biển
Montagna	Núi
Oasi	Ốc Đảo
Oceano	Đại Dương
Palude	Đầm Lầy
Penisola	Bán Đảo
Spiaggia	Bãi Biển
Tundra	Lãnh Nguyên
Valle	Thung Lũng
Vulcano	Núi Lửa

Paesi #1
Quốc gia số 1

Brasile	Brazil
Cambogia	Campuchia
Canada	Canada
Egitto	Ai Cập
Finlandia	Phần Lan
Germania	Đức
India	Ấn Độ
Iraq	Iraq
Israele	Israel
Libia	Libya
Mali	Mali
Marocco	Morocco
Norvegia	Na Uy
Panama	Panama
Polonia	Ba Lan
Romania	Romania
Senegal	Senegal
Spagna	Tây ban Nha
Venezuela	Venezuela
Vietnam	Việt Nam

Paesi #2
Quốc gia # 2

Albania	Albania
Danimarca	Đan Mạch
Etiopia	Ethiopia
Giamaica	Jamaica
Giappone	Nhật Bản
Grecia	Hy Lạp
Haiti	Haiti
Indonesia	Indonesia
Irlanda	Ireland
Laos	Lào
Liberia	Liberia
Messico	Mexico
Nepal	Nepal
Nigeria	Nigeria
Pakistan	Pakistan
Russia	Nga
Siria	Syria
Sudan	Sudan
Ucraina	Ukraina
Uganda	Uganda

Pesca
Đánh bắt Cá

Acqua	Nước
Attrezzatura	Thiết Bị
Barca	Thuyền
Branchie	Mang
Cesto	Cái Rổ
Cucinare	Nấu
Esagerazione	Phóng Đại
Esca	Mồi
Filo	Dây
Fiume	Sông
Gancio	Móc
Lago	Hồ
Mascella	Hàm
Oceano	Đại Dương
Pazienza	Kiên Nhẫn
Peso	Cân Nặng
Pinne	Vây
Spiaggia	Bãi Biển
Stagione	Mùa

Piante
Cây

Albero	Cây
Bacca	Quả Mọng
Bambù	Tre
Botanica	Thực vật Học
Cactus	Xương Rồng
Cespuglio	Bụi Cây
Crescere	Lớn Lên
Edera	Ivy
Erba	Cỏ
Fagiolo	Hạt Đậu
Fertilizzante	Phân Bón
Fiore	Hoa
Flora	Flora
Fogliame	Lá
Foresta	Rừng
Giardino	Vườn
Muschio	Rêu
Petalo	Cánh Hoa
Radice	Nguồn Gốc
Vegetazione	Thực Vật

Professioni #1
Nghề Nghiệp số 1

Ambasciatore	Đại Sứ
Artista	Nghệ Sĩ
Atleta	Lực Sĩ
Avvocato	Luật Sư
Ballerino	Vũ Công
Banchiere	Ngân Hàng
Cacciatore	Thợ Săn
Editore	Biên tập Viên
Farmacista	Dược Sĩ
Geologo	Nhà địa Chất
Gioielliere	Jeweler
Idraulico	Plumber
Infermiera	Y Tá
Marinaio	Thủy Thủ
Medico	Bác Sĩ
Musicista	Nhạc Sĩ
Pianista	Nghệ sĩ Piano
Sarto	Thợ May
Scienziato	Nhà Khoa Học
Veterinario	Bác sĩ thú Y

Professioni #2
Nghề Nghiệp số 2

Agricoltore	Nông Dân
Astronauta	Phi Hành Gia
Bibliotecario	Thủ Thư
Chimico	Nhà hóa Học
Dentista	Nha Sĩ
Detective	Thám Tử
Editore	Nhà Xuất Bản
Filosofo	Triết Gia
Fotografo	Nhiếp ảnh Gia
Giornalista	Nhà Báo
Illustratore	Hoạ
Ingegnere	Kỹ Sư
Insegnante	Giáo Viên
Linguista	Nhà Ngôn Ngữ
Medico	Bác Sĩ
Pilota	Phi Công
Pittore	Họa Sĩ
Politico	Chính trị Gia
Professore	Giáo Sư

Psicologia
Tâm lý Học

Appuntamento	Cuộc Hẹn
Clinico	Lâm Sàng
Cognizione	Nhận Thức
Comportamento	Hành Vi
Conflitto	Xung Đột
Ego	Cái Tôi
Emozioni	Cảm Xúc
Esperienze	Kinh Nghiệm
Idee	Ý Tưởng
Inconscio	Bất Tỉnh
Infanzia	Thời thơ Ấu
Influenze	Ảnh Hưởng
Pensieri	Suy Nghĩ
Personalità	Cá Tính
Problema	Vấn Đề
Realtà	Thực Tế
Sensazione	Cảm Giác
Subconscio	Tiềm Thức
Terapia	Trị Liệu
Valutazione	Đánh Giá

Riscaldamento Globale
Sự Nóng lên Toàn Cầu

Ambientale	Môi Trường
Artico	Bắc Cực
Attenzione	Chú Ý
Clima	Khí Hậu
Conseguenze	Hậu Quả
Crisi	Khủng Hoảng
Dati	Dữ Liệu
Energia	Năng Lượng
Futuro	Tương Lai
Gas	Khí
Generazioni	Các thế Hệ
Governo	Chính Phủ
Industria	Công Nghiệp
Internazionale	Quốc Tế
Legislazione	Pháp Luật
Ora	Bây Giờ
Popolazioni	Dân
Scienziato	Nhà Khoa Học
Sviluppo	Phát Triển
Temperature	Nhiệt Độ

Ristorante #2
Nhà Hàng số 2

Acqua	Nước
Aperitivo	Món Khai Vị
Bevanda	Đồ Uống
Cameriere	Phục vụ Nam
Cena	Bữa Tối
Cucchiaio	Cái Thìa
Delizioso	Ngon
Forchetta	Cái Nĩa
Frutta	Trái Cây
Ghiaccio	Băng
Insalata	Salad
Minestra	Súp
Pesce	Cá
Pranzo	Bữa Trưa
Sale	Muối
Sedia	Ghế
Spezie	Gia Vị
Torta	Bánh
Uova	Trứng
Verdure	Rau

Salute e Benessere #1
Sức Khỏe và sức Khỏe # 1

Abitudine	Thói Quen
Altezza	Chiều Cao
Attivo	Hoạt Động
Batteri	Vi Khuẩn
Fame	Đói
Farmacia	Tiệm Thuốc
Frattura	Gãy Xương
Medicina	Thuốc
Medico	Bác Sĩ
Muscoli	Cơ Bắp
Nervi	Dây Thần Kinh
Ormoni	Kích Thích Tố
Ossa	Xương
Pelle	Da
Postura	Tư Thế
Riflesso	Phản Xạ
Rilassamento	Thư Giãn
Terapia	Trị Liệu
Trattamento	Điều Trị
Virus	Vi Rút

Salute e Benessere #2
Sức Khỏe và sức Khỏe # 2

Allergia	Dị Ứng
Anatomia	Giải Phẫu Học
Appetito	Ngon
Caloria	Calo
Corpo	Cơ Thể
Dieta	Ăn Kiêng
Digestione	Tiêu Hóa
Disidratazione	Mất Nước
Energia	Năng Lượng
Genetica	Di Truyền
Igiene	Vệ Sinh
Infezione	Nhiễm Trùng
Malattia	Bệnh
Massaggio	Xoa Bóp
Nutrizione	Dinh Dưỡng
Ospedale	Bệnh Viện
Peso	Cân Nặng
Sangue	Máu
Sano	Khỏe Mạnh
Vitamina	Vitamin

Scacchi
Cờ Vua

Avversario	Đối Thủ
Bianco	Trắng
Campione	Quán Quân
Concorso	Cuộc Thi
Diagonale	Đường Chéo
Giocatore	Người Chơi
Gioco	Trò Chơi
Intelligente	Thông Minh
Nero	Đen
Passivo	Thụ Động
Punti	Điểm
Re	Vua
Regina	Nữ Hoàng
Regole	Quy Tắc
Sacrificio	Hy Sinh
Strategia	Chiến Lược
Tempo	Thời Gian
Torneo	Giải Đấu

Scienza
Khoa Học

Atomo	Nguyên Tử
Chimico	Hóa Chất
Clima	Khí Hậu
Dati	Dữ Liệu
Esperimento	Thí Nghiệm
Evoluzione	Tiến Hóa
Fatto	Thực Tế
Fisica	Vật Lý
Fossile	Hóa Thạch
Gravità	Trọng Lực
Ipotesi	Giả Thuyết
Metodo	Phương Pháp
Minerali	Khoáng Sản
Molecole	Phân Tử
Natura	Thiên Nhiên
Osservazione	Quan Sát
Particelle	Hạt
Piante	Cây
Scienziato	Nhà Khoa Học

Spezie
Gia Vị

Aglio	Tỏi
Amaro	Đắng
Anice	Cây Hồi
Cannella	Quế
Cardamomo	Thảo Quả
Cipolla	Hành
Coriandolo	Rau Mùi
Cumino	Cây thì Là
Curcuma	Nghệ
Curry	Cà Ri
Dolce	Ngọt
Finocchio	Thì Là
Liquirizia	Cam Thảo
Noce Moscata	Nhục đậu Khấu
Paprika	Ớt cựa Gà
Pepe	Tiêu
Sale	Muối
Vaniglia	Vani
Zafferano	Nghệ Tây
Zenzero	Gừng

Strumenti Musicali
Nhạc Cụ

Armonica	Harmonica
Arpa	Đàn Hạc
Bacchette	Đùi
Banjo	Bass
Chitarra	Đàn ghi Ta
Clarinetto	Clarinet
Fagotto	Dàn Nhạc
Flauto	Sáo
Gong	Chiêng
Mandolino	Mandolin
Marimba	Marimba
Percussione	Gõ
Pianoforte	Dương Cầm
Sassofono	Saxophone
Tamburello	Lục Lạc
Tamburo	Trống
Tromba	Kèn
Trombone	Trombone
Violino	Đàn vi ô Lông
Violoncello	Cello

Tecnologia
Công Nghệ

Blog	Blog
Browser	Trình Duyệt
Byte	Nội
Computer	Máy Tính
Cursore	Con Trỏ
Dati	Dữ Liệu
Digitale	Kỹ Thuật Số
File	Tập Tin
Font	Chữ
Internet	Internet
Messaggio	Thông Điệp
Ricerca	Nghiên Cứu
Schermo	Màn
Sicurezza	An Ninh
Software	Phần Mềm
Statistiche	Thống Kê
Telecamera	Máy Ảnh
Virtuale	Ảo
Virus	Vi Rút

Tempo
Thời Gian

Anno	Năm
Annuale	Hàng Năm
Calendario	Lịch
Decennio	Thập Kỷ
Dopo	Sau
Futuro	Tương Lai
Giorno	Ngày
Ieri	Hôm Qua
Mattina	Buổi Sáng
Mese	Tháng
Mezzogiorno	Buổi Trưa
Minuto	Phút
Notte	Đêm
Oggi	Hôm Nay
Ora	Giờ
Orologio	Đồng Hồ
Presto	Sớm
Prima	Trước
Secolo	Thế Kỷ
Settimana	Tuần

Tipi di Capelli
Các Loại Tóc

Argento	Bạc
Asciutto	Khô
Bianco	Trắng
Biondo	Tóc Vàng
Breve	Ngắn
Calvo	Hói
Colorato	Màu
Grigio	Màu Xám
Intrecciato	Bện
Liscio	Mịn
Lungo	Dài
Marrone	Màu Nâu
Morbido	Mềm
Nero	Đen
Riccio	Xoăn
Riccioli	Curls
Sano	Khỏe Mạnh
Sottile	Mỏng
Spessore	Dày
Trecce	Braids

Uccelli
Chim

Airone	Diệc
Anatra	Vịt
Aquila	Đại Bàng
Cicogna	Cò
Cigno	Thiên Nga
Colomba	Yêu
Cuculo	Chim Cu
Fenicottero	Flamingo
Gabbiano	Mòng Biển
Oca	Ngỗng
Pappagallo	Con Vẹt
Passero	Chim Sẻ
Pavone	Công
Pellicano	Bồ Nông
Piccione	Chim bồ Câu
Pinguino	Chim Cánh Cụt
Pollo	Gà
Struzzo	Đà Điểu
Tucano	Toucan
Uovo	Trứng

Vacanze #2
Kỳ Nghỉ số 2

Aeroporto	Sân Bay
Campeggio	Cắm Trại
Destinazione	Điểm Đến
Foto	Ảnh
Hotel	Khách Sạn
Isola	Đảo
Mappa	Bản Đồ
Mare	Biển
Montagne	Núi
Passaporto	Hộ Chiếu
Spiaggia	Bãi Biển
Straniero	Ngoại Quốc
Taxi	Xe tắc Xi
Tempo Libero	Giải Trí
Tenda	Lều
Trasporto	Vận Chuyển
Treno	Xe Lửa
Vacanza	Ngày Lễ
Viaggio	Hành Trình
Visto	Thị Thực

Veicoli
Xe Cộ

Aereo	Máy Bay
Ambulanza	Xe cứu Thương
Auto	Xe Hơi
Autobus	Xe Buýt
Barca	Thuyền
Bicicletta	Xe Đạp
Camion	Xe Tải
Caravan	Caravan
Furgone	Van
Metropolitana	Xe Điện Ngầm
Motore	Động Cơ
Pneumatici	Lốp
Razzo	Tên Lửa
Scooter	Xe tay Ga
Sottomarino	Tàu Ngầm
Taxi	Xe tắc Xi
Traghetto	Phà
Trattore	Máy Kéo
Treno	Xe Lửa
Zattera	Bè

Verdure
Rau Củ

Aglio	Tỏi
Broccolo	Bông cải Xanh
Carciofo	Atisô
Carota	Cà Rốt
Cetriolo	Dưa Chuột
Cipolla	Hành
Fungo	Nấm
Insalata	Salad
Melanzana	Cà Tím
Oliva	Ô Liu
Patata	Khoai Tây
Pisello	Đậu
Pomodoro	Cà Chua
Prezzemolo	Mùi Tây
Rapa	Củ Cải
Scalogno	Củ Hẹ
Sedano	Cần Tây
Spinaci	Rau Bina
Zenzero	Gừng
Zucca	Quả bí Ngô

Vestiti
Quần Áo

Abito	Ăn
Braccialetto	Vòng Tay
Calzini	Vớ
Camicetta	Áo Cánh
Camicia	Áo sơ Mi
Cappello	Mũ
Cintura	Thắt Lưng
Collana	Vòng Cổ
Giacca	Áo Khoác
Gonna	Váy
Grembiule	Tạp Dề
Guanti	Găng Tay
Jeans	Quần Jean
Maglione	Áo Len
Moda	Thời Trang
Pantaloni	Quần
Pigiama	Pajama
Sandali	Dép
Scarpa	Giày
Sciarpa	Khăn Quàng Cổ

Congratulazioni

Ce l'hai fatta!

Speriamo che questo libro vi sia piaciuto tanto quanto a noi è piaciuto concepirlo. Ci sforziamo di creare libri della più alta qualità possibile.
Questa edizione è progettata per fornire un apprendimento intelligente, di qualità e divertente!

Le è piaciuto questo libro?

Una Semplice Richiesta

Questi libri esistono grazie alle recensioni che pubblicate.

Puoi aiutarci lasciando una recensione
ora a questo link ?

BestBooksActivity.com/Recensioni50

SFIDA FINALE!

Sfida n°1

Sei pronto per il tuo gioco gratuito? Li usiamo sempre, ma non sono così facili da trovare - ecco i **Sinonimi!**

Scrivi 5 parole che hai trovato nei puzzle (n° 21, n° 36, n° 76) e prova a trovare 2 sinonimi per ogni parola.

Scrivi 5 parole del **Puzzle 21**

Parole	Sinonimo 1	Sinonimo 2

Scrivi 5 parole del **Puzzle 36**

Parole	Sinonimo 1	Sinonimo 2

Scrivi 5 parole del **Puzzle 76**

Parole	Sinonimo 1	Sinonimo 2

Sfida n°2

Ora che ti sei riscaldato, scrivi 5 parole che hai trovato nei puzzle n° 9, n° 17 e n° 25 e cerca di trovare 2 contrari per ogni parola. Quanti ne puoi trovare in 20 minuti?

Scrivi 5 parole del **Puzzle 9**

Parole	Antonimo 1	Antonimo 2

Scrivi 5 parole del **Puzzle 17**

Parole	Antonimo 1	Antonimo 2

Scrivi 5 parole del **Puzzle 25**

Parole	Antonimo 1	Antonimo 2

Sfida n°3

Grande! Questa sfida non è niente per te!

Pronto per la sfida finale? Scegli 10 parole che hai scoperto nei diversi puzzle e scrivile qui sotto.

1.	6.
2.	7.
3.	8.
4.	9.
5.	10.

Ora scrivi un testo pensando a una persona, un animale o un luogo che ti piace.

Puoi usare l'ultima pagina di questo libro come bozza.

La tua composizione:

TACCUINO:

A PRESTO!

Tutta la Squadra

SCOPRIRE GIOCHI GRATIS

GO

↓

BESTACTIVITYBOOKS.COM/FREEGAMES

www.ingramcontent.com/pod-product-compliance
Lightning Source LLC
Chambersburg PA
CBHW082051120626

46553CB00011B/3353